Every Wrinkle
Tells a Story

List of Illustrations

Jimmy loved to draw. We have included his renditions of local scenes (and some from further afield) which he adapted from original artworks and photographs. The Society would like to show its appreciation towards the original artists and acknowledge them for the inspiration.

Published by Hawick Archaeological Society 2016

© Hawick Archaeological Society

ISBN 978-0-9956360-0-2

Printed and bound for Hawick Archaeological Society
by Richardson & Son Printers,
Unit 7, Lochpark Industrial Estate, Hawick
www.richardsonprinters.com
2016

Contents

A little background information will help the reader to understand the value of this remarkable memoir.

Jimmy McEwan was born at 12 Baker Street in 1927 and died in 2013 at the age of 86. To describe his life between these dates as "full" would be a huge understatement. Fortunately, for both his family and for wider posterity, Jimmy had a keen sense of history - shown by his 21 years of membership of the Hawick Archaeological Society, including six proud years on our Council. Perhaps this inspired Jimmy to share his experiences by writing this memoir. Its existence now allows a glimpse into a very changed world, especially of growing up in the Hungry Thirties and of working in a booming farming industry during the Second World War. Unlike most people who leave memoirs behind, Jimmy did not come from a prosperous background, with his father losing a leg in the Great War and often being out of work. After an education at the local Catholic school, and despite showing academic potential, Jimmy quickly began agricultural work at age 14. His career afterwards was mainly spent in outdoor pursuits – driving German POWs, being a woodcutter and railwayman and there was also a successful spell as part of Hawick's then flourishing textile industry. In terms of leisure, Jimmy loved birdwatching, walking with his dogs, playing rugby (for Jethart 3rds) and was a hardworking treasurer for Hawick PSA. One of his favourite pursuits was drawing, as the illustrations included here will show. Providing any further details would "give the game away" before you read the memoir for yourself. But as you will see, these recollections will be a wonderful source of information for future social historians. As a bonus, Jimmy chose to write in his native Hawick tongue – what he called "Sandbed English", and we hope that preserving his original prose will also give extra value to this publication for locals and linguistics alike.

Hawick Archaeological Society has been in the process of preparing these memoirs for publication for over 20 years. Great praise must go to Frances Paxton, our Minute Secretary, who typed up the handwritten manuscript. In the 1990s, concerns were raised about Jimmy's blunt comments regarding several local characters and his views on them. Legal advice was even taken, but as you shall see, Jimmy was not a malicious man, just very honest! The Society did not wish to expurgate the original manuscript, and it is hoped that no one will take offence but appreciate the spirit and frank nature of the author.

Although Jimmy originally intended this document as a family-only project, he was encouraged by all those who had had a wee look at it to give his permission for it to reach a wider audience. HAS appreciates the McEwan Family's consent and enthusiasm for our publication of this manuscript and for providing illustrations and the photograph of Jimmy and his beloved wife Kathleen at their wedding. The highly evocative cover photograph is reproduced with kind permission of Derek Lunn, originally taken for the book he and Ian Landles compiled, entitled "Mair Honest Men".

More recently, several members of the HAS Committee have been involved in proof-reading and editing this book. Jimmy was the first to admit that he often repeated himself when compiling his memories, and we have endeavoured to keep the flow of his narrative as close to the original as possible whilst removing duplicated passages. Jimmy was also inconsistent with his spellings of Scots and Hawick words – we have not been overly prescriptive in our approach to this, as we feel the document very much reflected Jimmy's own thought processes, and if that was how he saw it that day, it should stand. For those without any knowledge of Scots or Hawick, it may be worth having access to a Scots dictionary whilst reading this memoir, but the sense of the text is usually clear enough to avoid this being a chore. We decided against providing a glossary for this reason, but the online "Hawick Word Book" is a recommended resource for those wishing to find out more about places and people mentioned.

We should additionally make known our appreciation of the role of Hawick printing firm Richardson and Son in performing such an excellent job of the layout and design of these memoirs. Robert Scott has also done a power of work, and has played an important part in creating something that will be of lasting value.

Finally, we hope you enjoy reading the tales of a life well-lived, written from the heart by a true Hawick West Ender.

'Guid oan ee Jimmy'

Frances Paxton, Iain H Scott and Duncan Taylor

On behalf of Hawick Archaeological Society

Jimmy and his wife Kathleen on their wedding day.
21st August 1954

WEST END FAITHER'S MEMORIES FOR HIS BAIRNS

TO: LORNA, MALCOLM AND MICHAEL

1994
I've pit names in this memory scribble o the West-End, left some oot in case I hurt onybody's feelings. I hope West-Enders get as much fun reading this as I hev hed writing it doon. In 1984 when I sterted this it was aye meant for oor family's een only, and tae be handed doon tae oor grandbairns. I blame Malcolm for it getting intae hands ootside the family, though I've got tae admit that ony 'Guitter Bluids' whae hev read it, hev gave mei pleasure wae their remarks, also they agreed wae whit I'd written.

This yin I've re-written, leaving oot personal memories affecting ma family in case it wud bore folk whae might read this, but I hev kept the 1984 book and if onybody wants tae look through it they are welcome.

Excuse ma Sandbed English.

EDINBURGH J. DRUMMOND R.S.A. 1854   RIDDLE'S CLOSE

FOR THE BAIRNS........

SCHOOLDAYS

This is an attempt tae pit doon what I can remember o ma young days, pre-school and up tae when the 1939-45 war began. Whae ever reads this must not look for proper English or guid spelling, try as I do, sometimes I slip into writing the way I speak.

I wis born in Baker Street (late Mather's Close) in No. 12. It was a slum area, twae lodging hooses, yin wis still in use tae efter the war, Irish workers bided there. They came ower for the siwshawing turnips for years. The famous saying "A penny king and tupp-lean" came frae there. The owner charged a penny for a 'king' which wis a rope tied back and forret across the room. The 'lean' gave the lodger a seat wae a ledge tae rest his heid on. Before Baker Street the family were in an auld hoose in Orrock Place next tae the Monkeys Pub, the auldest yin in Hawick. Nan, Netta, Peggy and Jackie were born there. We were also in O'Connell Street (Nessie born) at yin time. Efter, we got a new council hoose in Ramsay Road, Laura was born there. We left Ramsay Road in 1930 and that's when my memory sterts. The reason why we left Ramsay Road, or so I wis telt, wis the rent wis ower big. Faither wis oot o work, he hed lost a leg in the war at the Dardanelles, unemployment was rife, I've aye hed a feeling we were put oot for no paying the rent. There were five lassies, plus Jackie and mei by now, and we flitted doon tae twae rooms and a pantry in Drumlanrig Place. My sister Netta suffered a stroke and wis in the hospital, she still is, ower 70 years. Nessie, Laura and mei, fower years covered us.

I mind carrying a stool doon by the 'Summer Seat' top o the Loan, or it wis sometimes called 'The Auld Man's Seat'. Ex-sodjers and the unemployed gathered there. When aulder I asked ma mother aboot that and she telt mei I wis threi years auld and the stool wis mine and I wouldna pit it on the cairt. The pony and cairt belonged tae a Mr Donelly, hei hed a stable on the Loan, made his living cairting meat frae the Killing-Hoose tae the butchers' shops, plus ony odd jobs. His wis the first pony I ever got ontae, he hed a wee field up the Nipknowes, just below Woodend Cottage and I sometimes got tae take it up in the summertime, well the pony taen mei, it kent the road, aye stopped at the gate. I aye tried tae make it gaun further, nae chance. I would be 6 or 7.

We bided in Drumlanrig Place frae 1930 tae 1939. Oor pairt o Hawick wis called the West End and the folk were called Guitterbluids, why I dinna ken, mebbe it wis efter the scraps when the pubs came oot. Poverty, overcrowding, unemployment were rife. Drumlanrig Hospital at the foot o the Loan wis the Parish Relief place. We called it the 'Puirhoose', mony families when they were richt doon landed there, except the men or ony o the aulder yins that the Parish said could manage. Families that were on the bread-line could apply for Parish Relief and then yin o the maist hated and feared man would come, 'The Means Test man', even mei at that age wis feared o that name. My personal run in wae him wis through oor neighbour 'Auntie Mamie'. I wondered yin day when I came hame frae school what all the extra furniture wis daeing in oor hoose. I wis telt the 'Means Test man' wis coming tae Mamie Scott and this wis the neighbours wae o beating him. Hei could force families tae sell ony thing that he thocht they didnae need, and then, only then, could they get help. In oor street they tried tae force Mr Scott tae sell his extra tools. I mind the men speaking aboot that. It's jist came tae mind aboot another hated man, richt hated, he worked in the 'broo' (Unemployment Exchange) doon where the Y.M. rugby team hev their clubrooms. I canna mind his name but he wis a shit gaun be what I wis telt, would send men tae the back o the line jist for laughing. Mony a threat wis made agin him, a richt petty dictator (I'm straying again). Back tae the Means Test man, he also reported on folk that he thocht were daeing odd jobs while drawing the dole.

Anither thing that I mind, maist boys hed the same haircut, prison style, richt tae the bone except for a tuft in the front, the mothers usually done it wae clippers, though some boys went tae Jock Law's, the barber in Drumlanrig Square.

We were luckier than a lot o families, my mither came frae a well-tae-dae family. They didna want her tae marry Dad. They met in a hospital somewhere near Peebles, a place where sodjers, whae hev lost limbs, were sent tae recover. I hev an auld photo o a fitba-team sitting roond a table and they jist hed sae mony legs between them, Dad is on the photo. Dad wis discharged in 1915 and married mum in 1917. Mum telt mei well-tae-dae lassies in yon days went roond wae gifts, etc. tae the hospitals. Grandad Armstrong wis a top designer in the Tweeds and hei, through the 1920s and 30s, kept us oot o real poverty. He used tae land wae his car, a great event for us bairns, and for all the Loan bairns, very few cars early thirties, wae food, etc. I thocht he wis the richest man in the world. I'm honest in telling yea bairns that yer dad wis a bit o a snob, I won a lot o rows wae saying "Oh, well yer grandad hesna got a car, so there".

Grandad's food parcels and money caused some rows between mum and dad, as mum used tae share oor neighbours. Now I believe it wis his pride that wis hurt, taen it as a slur on his ability no tae keep his family. He wis a hard and proud man, never wis able tae be a faither tae mei, maybe cause he wis an orphan in the 1880s. He wis fermed oot tae various folk, hed a spell in the mines under the Forth, then joined the army as a boy soldier. Grandad used tae aye give mei 2/- when he left. I used tae hide it hoping mum wouldna ask for it in the following weeks. She aye did. At the time I thocht it wis a crime, but now I realise 2/- could buy a lot then.

Grandad bided in a big hoose in Peebles, stables and a garage next tae it. Twae o mum's sisters whae never married looked efter it. Tae mei hei wis a great man, ma memories o him are of special occasions, gaun fishing on the Tweed, hei seemed tae like tae take mei a run in the car, also taen mei tae sei his race horse Bobby-Mac. Only yince I hed a sit doon meal in his hoose, went wae mum and Nan. Can mind I wis gliffed at the sicht o the knives, forks and spoons, also the white tablecloth, but mair say o ma Aunties. I usually hed mine in the huge kitchen. Afore I leave Grandad, a true story, bairns, aboot him and mei. Seemingly, when mum wis expecting mei, he hed been promised if it wis a boy it would be called Robert efter him. He also hed a mare due tae foal aboot the same time. Onyways, when the foal wis born he called it 'Bobby Mac' though it wis a filly. He must hev hed a stubborn streak in him. Later on hei telt mei 'Bobby' or its offspring would be mine when I wis auld enough. I never got her offspring, called Perry-Mac, efter Grandpa died, someway I wis swindled oot o it. Never found oot the truth. Wish Grandad hed lived longer, I'm sure that's where ma love o horses came frae. He run and won a lot o flapping races wae Bobby-Mac. Also won the Beltane-Bell threi years in a trot, winning the Bell ootricht, but he donated it back tae the Festival. It's still raced for. Yin mair thing aboot Grandad that will interest you bairns, hei came frae Langholm, hed tae wae Armstrong for a name. Yer granny wis brought up and went tae school wae Wull Berridge (Bev) and as yea ken, Dick and Bella are up there, and when I gaun up I blether wae the auld yins whae can mind o yer granny. Some o the auld racing men also mind o yer great grandfaither, yer great granny wis a Lamb, related tae Ogilvies. Yin o the proudest moments wis when yer mum and me got wed and we hed her sisters at the wedding, great day for her.

Back tae the West End, but must tell you yin thing mair aboot Peebles. Nan wis ower there at every holiday, she wis their favourite. Jist as weel as we hedna much room in Drumlanrig Place, the living room hed a box-bed, let intae the wall, and I'm sure there wis a kinda bed that slid beneath it and it wis oor eating place tae. A gie wee pantry, it hed a place or shelf for couple o gas rings, a wee sink wae a cauld water tap, some shelves and room under the sink for pots, etc. and gas licht ower the mantelpiece. Top o the landing there wis a coal cupboard and anither wee yin, and I'm no sure but I think claes and odds and ends were kept in it. The ither room wis full o beds and efter Marie wis born she slept in a crib in there tae. I often wondered how nine o us fitted in and we werna the worst case of overcrowding. Nan, Peggy and Nessie in yin bed, Jackie till he got aulder, Laura and mei in the ither, joined wae Marie when she got ower big for the crib. I can mind jist before we flitted tae Longcroft, Jackie slept wae ma faither, mother sleeping wae the lasses. I can mind when Marie wis born, Mrs Nichol, whae bided below us, came and taen me tae sei her. Marie wis born in Mrs Nichols, how they women managed I'll never ken. Mrs Nichol hed a big family tae, I think there wis six o them in two rooms and kitchen. Across the lobby frae Mrs Nichol lived the Hoggs, no as big a family, laddie and lassie. Mr Hogg didna keep guid health. I think he wis anither ex-sodjer. He wis taen away in the ambulance and I canna mind o seiing him again. Ma said what wae ill health and being oot-o-work Mr Hogg hed nae chance so I supposed he died, canna mind, wis gie wee then.

Mum telt mei years efter that when I wis born, 1927, General Strike wis on, real starvation, some men couldna stand it. Dad wis a nicht watchman, yin legged men hedna mony chances o work. Ma went oot tae work in big hooses, cleaning, etc. and as she wis well schooled seen baith sides o life. She telt us aboot some o the remarks the so called upper class made were unbelievable. They looked doon on working folk, called men whae couldna find work lazy. They never knew what it wis like tae gaun hungry and because they gave a pittance tae the Poor Relief or tae the Kirk Poor Fund that's where their responsibility ended. Sorry bairns, yer Dad's on his high horse again, but it makes me boil when I mind o what yer granny hed tae cope wae, she wis a great mother.

There were ower 20 folk in oor block, we hed upstairs, some o the hooses hed their water tap ootside, a lot hed nae pantry, jist a sink at the window and a gas ring tae cook on, so the fire grate wis used, we hed a big yin, it taen up maist o yin wall. It hed doors on each side plus a place you could pit water in tae get het. It hed a brass tap fixed tae it, also the hinges and knobs o the oven doors were brass. There wis a high fender that hed boxes at each end where sticks and coal could be stored. The lids were covered wae brown leather which hed brass studs roond it. The fire itself had bars that could be arranged in various ways, middle yins could be set at an angle tae toast the breid, we also had a toasting fork made oot o copper wire. Nessie, Laura and mei loved toasting breid, mum kept the loaf ends for toast. The grate also hed a swiy (a bar that swung ower the fire, and a chain wae a hook on the end for hinging the huge black cast iron kettle and the soup pot). It wis also cast iron and we hed a stew pan the same. The soup pot tae mei never seemed tae be empty. Ma said that wis nearly true, she also hed a stock pot. Various soups that I can mind, hare-soup, pig's cheeks and trotters were cheap, kail, lots o veg in it, then a cheap but guid soup wis sheep's heid kail. It wis aye ma job tae gaun for the sheep's heid, got it cheap at the killing-house, but it wis a long walk for ma wee legs so I usually got it frae Davie Scott's in the Sandbed. I then hed tae take it tae Telfer the blacksmith tae get it singed, what a stink and its eyes seemed tae follow you. Telfer is still up the Croon Close, his son rins it now, his grandfaither hed a smiddy up the Stobs road next tae Coliforthill ferm's brig ower the Slitrig. Canna mind the name o the place. Tripe wis anither cheap food, all ma mates went for it and the lassies taen their turn, but I usually went. There were twae tripe shops doon in the Square, well jist off the square, Mag Burns and Jess McVittie. We called her Jess the Reeker and we were warned, on pain o a licking, never tae gaun tae Jess's. Nae wonder, she wis dressed in black, beady eyes, beaky nose, and sat stirring a huge pot o tripe and the place wis filthy and stinking. She also made toffee apples, never seemed tae wash. How did I ken this? Well if there wis a lot o folk waiting at Mag Burns I used tae gaun tae Jess. I can aye mind how she stretched the toffee oot, hed a board fixed tae the wall wae big nails in it, and she threw the warm toffee ower them and pulled it. Done this till it wis richt thin. There would be a row o jugs on the table, wifies left them for tae collect later. Jess and Mag kent every jug cause the bairns were often sent tae get them. We were warned tae get oor share o read-bags on pain o a skelping. The men aye got them. They aye got the best, treated like Gods. For Jess tae be that scrifee, her tripe wis made in the hoose, an auld ladle, black wae age wis her measure, we never taen ony herm. Mind you I aye said I got oors at Mag Burns. Due tae tripe, I got a cruel beating frae ma faither. Maist o us used tae hev sips o the tripe-bree coming up the road, then top it up at the Lions Heid Well at the end o oor street. Unlucky for mei I drunk ower much and it would be the nicht he wanted some. Usually it wis for the next day, onyways it wis ower watery and he came intae oor room in a fierce rage and gave me a terrible beating. Can mind yet o ma sister screaming and mother trying tae stop him. I never got ower that unjust beating. Young as I was I turned inwards, hardly ever cried, only my sisters Nessie and Laura could get on wae mei. I came tae be a richt loner, except for mates and animals. I used tae wander through oor woods and fields at every chance - deserved the skelpings I got for no coming hame stright frae school.

I sterted school in 1931, we were the only Catholic family in oor street, well ma faither was, though hei only went twice tae church that I can mind o, Laura's death and my wedding. Mum, though no a Catholic, made sure we went tae church within reason. If it wis bad weather she let us bide at hame as we hedna that guid shin. Common sight in school wis boots and shoes drying below the radiators. Oor dad wis trained as a cobbler but he spent a lot o time mending ither folks shin. I mind when they were daeing something tae the auld mill at the top o Gladstone Street I got a big bit o a leather driving belt which he used. There's an auld saying that fitted us 'the cobblers bairns are the worst shod'. Mind you hei didna keep guid health.

Unlike a lot o bairns I didna mind school, didna like the way it wis run roond the church, but we hed yin teacher, Mrs Gilfinnon, whae tried hard tae make teaching interesting. She wis years ahead o her time. I went through school wae members o large families, the McConnells, McGowens, Mannings, Brydons, Rogers, Cunninghams, Olivers, Turnbulls, etc., and a lot of what we called wee family hed fower or five. There was no mony wae yin or twae. The big families like oorselves hed yin or twae bairns in every classroom, handy for handing books doon, as books, pencils and jotters werna free then. The ither school in the West End wis Drumlanrig, we called it the 'The Ragged School'. They hed big families tae, Corbetts come tae mind. There wis the 'English School' up the Lynwood road opposite Lyle & Scott. Jist fields there when I wis young, Coopers would be the biggest family there, every school wis packed oot.

Oor school, tae mei, seemed tae be run by the priests and ower the years a lot o nuns taught us. They came frae the Convent at Myreslawgreen, yin o the maist disliked memory o them was, every now and again, some o us, the poorest, were asked tae stay behind efter school. We kent what for and so did the ither bairns. Whit fights I hed ower this. We hed tae wait on the nuns coming wae bundles o second hand claes, even now efter all they years I can mind how I felt. The Sisters loved fitting us oot, they were like a bunch o mothers let loose in a jumble sale. If they kent whit we called them they would hev fainted wae horror. Puir souls they were only trying tae help, and they did, mony a grateful mother thanked them. We didn't as the ither bairns made fun o us and I wis the only McEwan that bided back jist tae be the same as ma pals. Some o the claes they brought were waesome, all sizes, troosers that yea hed tae yerk up tae yer oxters. Even then, the legs were ower yer knees and the breek-arse hinging doon, jerseys the same, everything wis ower big. They taen the auld yins and selt them tae the rag man. I can mind when ma best friend Bobby McConnell, they bided wae us in Baker Street, his boots were gie bad, but him being a big laddie they couldna find a pair tae fit him, but they didna gie up, fund him a pair o women's black yins. Bobby wis ower quiet tae complain but on the road hame tae Lynwood hei threw them intae the Slitrig. It wis a while afore his parents got him anither pair so he bided off school. Bobby's mum wis a big handsome woman, I'm no sure but I think she was a true Romany, a real nice wifie. His dad aye hed a red polka dot big hankie roond his neck and tucked intae his shirt, mind ma mum saying he wis an Irish traveller. I see their grandsons gaun up and doon oor street, spitten image o their grandparents.

Oor school, tae mei, even efter 50 odd years, seemed tae be run for religion. The bairns frae strong catholic families, how can I pit it? seemed tae get all the wee privileges. The priest then was the boss, Sister Aloysius was the heidmistress, education taen second place. Monday morning for a lot o us wis dreaded. Tae explain, maist o us tried tae get wee jobs o ony kind, even the underage bairns. Employers werna fussy, they kent oor folks needed the money, also the perks. I'll stray frae ma ain memories and tell you some o the jobs us ten tae thirteen done. The yins that worked on Sunday mornings, maself, milk boys and roll boys, plus some delivered Sunday papers. Other jobs were in bakers, pies were a perk. Butchers errand boys wir guid jobs, grocers, Co-op. The bikes the boys got were muckle big heavy yins wae an iron frame basket on the front, some also hed yin on the back. The grocers were aye the yins that hed the heaviest loads. Maist errands were tae big hooses, canna mind the pay but it canna hev been ony mair than 5/-. Butchers and grocers messages were done efter school and Saturday. The boys usually got tips at Christmas and the Common Riding. I sei yin o the message bikes is in the Museum. I suppose I should hev asked ex-message boys, but it's ootside ma memories. I hed yin o the maist unusual part time jobs, yin that wis handed doon frae boy tae boy for years and years. Cavers hed a dairy herd but his fields were up by the Vertish and Crumhaughhill, a long walk for cows, so they bided in owernight. My job wis tae take them up every morning, efter the hind's wife milked them, tae various fields, then bring them doon efter school tae be milked again. The trouble wae gaun tae Mass on Sunday wis that the hind's wife liked a long lie-in on the Sundays so I hed nae chance for 9 a.m. Mass. It was also a guid excuse for mei. Afore I leave spare time jobs, a word aboot the lassies - Woolworths, Liptons, etc. taen them on Saturday, and nights, also some o the boys helped tae make sausages and mince, breaking the law by using machinery. Can mind o a man whae hed a big heavy iron rimmed twae wheeled barrow. He worked for years for yin o the big grocers, often pushed up tae Rosebank wae jist yin or twae boxes on it, wis a nice simple fella, weel kent in the West End.

Back tae Monday morning school. The Priest usually came roond every class. There were fower then, wae Sister heving the biggest, 30 tae 50. He then asked whae hed been at Mass at 9 a.m. tae pit their hands up. If ony o us didna, he quizzed them for why not. That put mei and Sunday boy workers in a queer position, heving jobs that by law we were not allowed, so I made excuses, nae boots, sick, wis at second Mass, etc., but I wis nearly

NEEDLE STREET 1861 - T.H. ALBAN - © MCEWAN

always found oot. Whit chance a ten year auld laddie again a priest. I lied tae save ma job, plenty boys were ready tae step in. Forgot to say I got 2/6d plus twae pints o milk in a can every morning. Cavers didna ken aboot the milk. Efter the Priest left I got the strap frae Sister. She said it wisna for no gaun tae Mass but for lying aboot it. This went on for a long time till Nessie, whae wis a year younger than mei, came intae Sister's class and she telt ma mother. I hed never let on tae her. I've telt yea before that mum wis well schooled. She came doon wae us yin Monday morning and demanded tae sei the Priest and Sister. Now mum never interfered wae the school, and if we said we got the belt she jist said we must hev deserved it. But she was very protective o her bairns. I didna ken what she said but I can mind Sister's face was as red as a beetroot when she came intae the classroom and I never again got the strap for missing Mass. Before I leave this, I'm jist aboot sure I taen the job wae the cows efter Pop Cavers went tae work and I can mind Billy telling mei hei hed also done it. Efter I finished various boys done the cows. Bairns, yer dad's schooldays were aye mixed up wae Loanheid Farm.

Yer granny, forbye bringing us up, was midwife, dressed the dead, nursed the sick, plenty o that then. Learned the deaf and dumb signs when she nursed the lassie Pringle whae died wae T.B. Mr & Mrs Pringle were deaf and dumb or partly. They hed a hoose on the richt hand side o the Loan, jist afore yea turned intae oor street, yea hed tae gaun doon steps tae it, weel below the level o the grund, twae windows facing on tae a wall and the back looked ontae Hendry Kerr's. I mentioned Pop and Billy, twae o a large family, six plus their dad, lived in a hoose up the back frae us. It never got ony licht, richt undergrund, plus the windows at the back wis under a walkway. Must hev been the darkest hoose in the West End. Funny, Pop and his wife bought upstairs and bide there yet. (Straying again).

There wis a lot o deaths amung the young, hardly a family escaped. T.B., called consumption, wis rife due tae the damp hooses and sanitary conditions folk lived in. They finally hed tae build a T.B. Hospital up on top o a hill in Silverbuthall. Can mind o the folk lying in beds ootside wae waterproof covers ower the beds. They also built a Fever Hospital on Burnfoot Farm. It was needed for diphtheria, measles, whooping cough. They were killers in my young days. We were all gliffed when we heard ony o oor pals being sent there. There wis a saying "the black van will take you if yea are no guid". The T.B. hospital now has been demolished. The Fever yin is a primary school. Mony bairns hed rickets, a lot o undersized boys. Ringworm also wis seen, I hed it yince, all ma hair shaved off and ma head wis painted wae blue stuff, canna mind the name o it. Seems tae mei it wis the wee hardy yins that survived. Yin battle mum and sisters fought wis against lice, 'nits', we called them. They were rife in the schools, considered a richt affront if the nurse sent you hame wae them. Every nicht ma sisters checked each ither's hair. Ma hed a steel comb and God help you if you so much as scarted yer heid ye were banged intae a chair and an auld sheet whupped ower yea and the steel comb came oot. If ony were found paraffin wis used, aye paraffin! Mum made us use coal tar soap tae wash oorselves and oor hair, can smell it yet. Onyways she won her battles, nane o us wis sent hame and all the treatment never hermed ma sister's hair, all of them, then and now, hed lovely hair. The McEwans all hed guid teeth. Nan the auldest, whae is getting on for 70, hes all hers, so hes ma brither 65, and ma sister Nessie 59. Naebody that I can mind o went tae a dentist except some auld yins for falsers, though I can mind o some auld yins wae jist yin or twae teeth. I canna mind o using toothpaste, but ate turnips, carrots oot the gairden. Also there wis very little money for sweeties. Doctors' fees were bad tae find, though maist doctors were gie guid, but a lot o auld fashioned cures were used before he wis sent for. I think us yins that survived must hev built up barriers agin germs, nae antibiotics in yon days.

Funerals were a common sight, a lot o bairns' yins, but what hes aye stuck in ma mind wis the huge turn oot o men. Every yin hed a bowler or borrowed yin, and lined baith sides o the street, then followed the coffin all the way tae the Wellogate Cemetery. Window blinds or curtains were drawn in all the hooses nearby, before and efter the funeral, some folk hed patches, black yins, sown on their sleeves. Wonder why they were aye diamond shaped? Aulder women wore black for ages. Also when the hearse wis gaun through the streets every man stopped and removed his bunnet and bowed his heid. Nowadays they gaun that fast naebody hes a chance tae pay their respects. Mind you in ma young days every man wore a bunnet, think some went tae bed in them. Anither thing aboot funerals, there wis aye a main wifie (mum wis yin) whae went roond the neighbours for a penny or tuppence for a wreath. My mother stopped buying a big wreath and gave maist o the money tae the family whae hed lost loved yins. Some women didna like that but they wouldna argue wae mum. Efter the burial close relatives would gaun back tae the hoose for tea and pieces and maybe a screwtop for the men, but naething like the wakes held in the Highlands or Ireland. When my sister Laura died at the age of thirteen wae a brain tumour mother would not hev a drink in the hoose, the men didna get paid lost time then.

Back tae school days. I wis a wee wiry smout, aye called 'Wee Jimmy', auldest sister Nan still calls me that. Horses, dogs and the ferm occupied ma mind and a lot o ma spare time. I wis lucky in yin sense tae be born in 1927 as that meant I wis in the age o the horse. Lorries and cars were jist sterting tae be common, even the hearse wis pulled wae horses in ma lifespan, though I canna mind o it. I wis aye at Cavers Ferm, weekends and holidays, helped Billy and the hinds, often got tae ride the work horses. Got sometimes tae drive auld Daisy in the fields, even learned the lead cow tae let mei on her back, mind Sam Lauder tried it yince and she pit him ower the hedge at Burnflat Brae. Mutter-Howey wis the railway contractors. They delivered the goods, beer, yarn, machinery, also collected goods frae the mills, etc. they hed lovely horses - Shires, Clydesdales, couple o light yins for shop deliveries. Their harness and lorries were aye gleaming. Co-operative hed aboot twelve richt up tae efter the war, lovely stables at the Wellogate, they even hed a close where they kept stirks. Roughly six coal merchants wae horses, twae hed lorries, Kerr and Jock Broon. There wis a lot o wee traders wae ponies and floats, twae potato merchants, scrap merchants, odd job men and dozens on the ferms. Yin man came in frae Cavers Estate weekly wae fresh veg frae the gairdens. I'm sure that wis Norman Suddon's faither. Norman wis a famous prop for the Greens. My main interest wae Mutter's horses were when they delivered beer tae the High Level pub along oor street. They aye hed tae use a trace horse "twae horses in tandem" tae pull the lorry up the steep Loan. Aye tried tae get a hurl on the lorry, if no, used tae hing on the back, no jist mei, we all did. Used tae get some richt swearings frae the drivers. I, an odd time, used tae get a penny for hauding the trace horse while they were heving their pint, aye taen a shive o breid for it. Sometimes when money wis scarce I taen ma faither's bike, a yin pedal yin, and went tae the killing-hoose for raw tripe, hung the cans on the handle bars, wis ower wee tae ride, mind the cans were broon wae deep lids. Got a penny a can frae the neighbours. No mony o the boys went, the sicht and smell o bluid and guts made them spew up. I got tae ken the killers, Pundy Wilson frae the Loan seems tae ring a bell, also big Jock Elliot wis in the office. I could make tuppence or so on killing days helping tae chase sheep intae the pens. Killers taen a lot of short cuts then, they were on piece work. I accepted that as normal. The custom then wis the butchers went on Monday tae Olivers' Auction, bought the meat live, killed and delivered same day, nae deep freezers then, jist ordinary fridges. Nae wonder we hed epidemics, the meat wis usually delivered on open floats covered wae harden sheets - the late thirties, I think, before they were forced tae wash the floats. The men whae handled the meat kept auld raincoats or overalls for the job, dinna think they ever washed them.

Getting back tae the tripe, I hed the job o cleaning and cooking it, hed tae find oot beforehand if ony o the wifies were gaun tae wash. I washed and cooked the tripe in the boiler. Raw tripe cooking is yin o the worst smells oot. I can mind o the smell yet. The neighbours hed their ain spices which they put in it when they done the last cooking, ingins were aye put in. Ma used tae add a leek. Butchers hed their recipes, often handed doon frae owner tae owner, also for haggis and black puddings. Yin o ma jobs wis gaun for firewood for wash day, ower the Back Braes wis a guid bit, also roond the shops for wooden boxes. Being wee, I hed a ploy that Mum turned a blind eye tae, cause if Dad hed fund oot I would hev got a licking. Being wee, I could slip through a gap in Jock Broon's coal yaird fence and 'borrow' coal for the tub.

Anither job I done, alang wae ither lads and lasses on Saturday nichts when the butchers were closing, Mum used tae give mei a shilling or so and I went doon tae Davie Scott's and hei made up a parcel o odds and ends o meat, etc., as I've said nae deep freezers then. Davie wis guid tae us, he kent Grandpa. Funny all the West End butchers hed flappers afore the war and efter it. Davie Scott's aye wis called 'Cheeky', the Huttons and Pedens, dinna think Spreng hed yin. Yin mair way o eeking oot oor food wis late on Saturday nicht I went roond tae Lizzie Cavers chip shop and bought ony chips left ower, or at Sunday denner time when Lizzie wis cleaning up. Mum used them in the mince or het them up for chip pieces for us. I liked when she put them in the rabbit stew or hed them for oor supper in front o the fire. Yin mair treat frae Lizzie's wis the crispy batter of the fish, better than crisps. I wis guilty o eating maist o them afore I got hame.

We looked forret tae Saturday nicht suppers. We were allowed tae bide up late, maist o us reading or drawing. In winter Mum would sometimes pit a fire on in the bedroom. We were feared when she did, as she used tae get a shovel full o red hot coals frae the kitchen fire and carry them through. We were in a world o oor ain then, candlelight shadows and shadows frae the fire. Mum would be gie often oot late working in big hooses. The lasses would pit the chips in the fire oven for her. She often brought wee treats for us that the cook hed gave her but maist o us hoped she hed books or magazines. We hed a wee library in oor corner shop, Cairncross we called it, but Mr & Mrs Oliver were in it for years. I think it wis a penny for so mony days, 'Drummond's Lending Library', where did I get that name frae? (High Street hed a lending library called Henderson's).

Back tae fuel, oor grate could take a pail fu. I hed a ploy tae get some, must be honest, didna dae it often. Maist o the Loan was in tenements, also there were pens on the left hand side where, when you were in, there were hooses at richt angles tae the Loan. Twae names come tae mind, the Bells and Weirs. The coalmen hed some humphing tae dae up a lot o stairs and I hed an auld basket and whupped lumps intae it, yea hed tae be quick. I wis aye hingin aboot Jock Broon's yaird and he sometimes gave me the sweepings. I hed tae pick the stanes oot o it. Mum used tae soak it and wrap it up in paper and bank the fire up at nicht wae it. If I got a lot o dross I wis supposed tae take it up tae Dad's allotment for the glass hoose boiler. All the allotment men hed a twae wheeled barrow made wae pram wheels, I sometimes selt it tae the Lumback allotment men for 6 pence. A slow way o making a penny wis cleaning up horse's shit, some goody yins called it 'hoss oranges' and selling it tae gardeners, the women often chased us as they wanted it for their roses, etc. Cheviot Road was the best street tae sell it. I used tae crawl under the cairts for it. Common Riding wis a gold mine, we quickly got fed up o that ploy. We also gathered moss frae the Nipknowes trees and selt it tae the florist Armstrong in the Howegate, used it for making wreaths, soon got fed up o that yin tae. Oor maist regular 'Pictir Money' came frae fielding golf balls at the first and second holes at the Vertish which rins along the roadside. Maist golfers then were lawyers, doctors, mill owners, men wae money whae wadna climb a fence for a ba' they hed knocked oot o boonds. There could be up tae half a dozen o us, and when we seen a drive there wis a mad rush tae get it. The trick wis tae keep yer eye on the ba' and rin at the same time. There was a lot o tripping went on amung us. We usually got a penny, tuppence if it wis a brand new yin, that wisna often, some skinflints gave you a halfpenny but we minded them and stamped their ba' intae the grund. You got tuppence for a dozen auld yins frae the Pros Hut. Pictirs cost tuppence each, threepence at nicht. We used tae pool oor money and if we didna hev enough we spent it on sweeties. The Vertish, Nipknowes Woods and the Dukes Wood were great places tae play. For years I thocht the Dukes Wood wis called the Dicks Wood, it wis the way the auld yins pronounced it. I still call it the Dicks. There were allotments up Crumhaughhill, Lumback, richt doon tae Crumhaugh. All Longcroft and Crumhaugh hoosing were allotments, forgot that baith sides o Crumhaughhill were in allotments, some aback o Wullie Turnbull's stables up at Rosebank and wee private yins baith sides o Burnflat Brae. Dad hed a double yin, cause we were a big family. I dinna ken how I love gardening yet, cause then I hated that allotment. If I wanted tae play, gaun dooking, or ontae the ferm it wis aye there, ma sisters and mei were aye tramping up and doon tae it. The lassies done weeding and picking fruit, mine wis digging. It wis drummed intae us every day by Dad that it wis the gairden that kept us gaun. I got beltings for no gaun sometimes. Dad grew tomatoes, and he wis an expert flower grower. He selt them tae the florists and big hooses - sister's job. Sorry tae say I fund oot he used the money tae back horses, he never thocht o giving his bairns owt.

Yin o the hardest jobs Peggy and mei done wis gaun wae the barrow tae the gasworks richt doon at Mansfield for charcoal. Yea got a huge bag for a shilling, it wisna heavy but it wis a long road and some push up the Loan and Crumhaughhill. Jackie must hev helped but honestly I canna mind o him being up a lot. He sterted work on the railway threi years afore mei, then joined the army aboot 1920-21. Mind bairns, I dinna blame faither for heving Jackie as a favourite, yer faither wis a gie stubborn lad, even Mum gave mei up as a bad job, again Nessie, Laura, and Maria later on, were a family within a family. Nae mair whinging frae mei.

Later on I ploughed Dad's, and a lot mair allotments, wae a pony plough and Bob. I did hev fun up there wae an auld belt driven motor bike. Jimmy Guthrie wis ma hero.

The Salvation Army 'The Sall Dall' wis guid tae the poor. Their Citadel wis at the bottom o the 'Peth' next tae the County Police Hoose, it's now moved to Croft Road. Maist o the West End bairns at yin time went tae their sing songs, that's whit we called their services. I'm feared it wis only for the cakes and buns but they didna seem tae mind. Mum telt mei in the 1920s they set up soup kitchens. I can mind their pies and peas. Anither dodge wis tae find oot where the different Sunday School picnics were being held and we tagged alang, jist mei oot oor family. They days they were taen in ferm cairts and Mutter Howey lorries, the horses were dressed up in their show harness. It wis a great sicht as they pranced along tae various fields, Bucklands, Mansfield, Newmill and a field at the Flex, and yin aboot Stirches. I hed tae sneak intae the crowd waiting tae get on the cairts, some o the horsemen kent mei, that helped. Now I ken I must hev been easy spotted, I would hev been the worst dressed. If we were chased by then we had oor share o lemonade and cakes, also the boys we kent would sneak stuff oot tae us, the stert o 'Church Unity'? The English kirk wis the best picnic, it wis held in the field where Lyle & Scott is now. We went ower the Back Braes and waded the Slitrig tae join it, though the 'English' never bothered how mony bairns turned up. (English kirk wis aye called the 'Ministers'). A rugby team played there, canna mind their name. There wis a big orchard behind the Manse, big wa roond it. We used tae speil the wa frae the Slitrig side tae poll apples. Poll - nice name for steal. We hed some gliffs wae the minister chasing us, I suspect now I'm aulder hei hed mair fun than us as we would hev been easy catched. Also, he could hev set P.C. Fatty Neil on us. Many a clout roond the lugs wae his leather gloves we got when hei catched us daeing mischief and we darna complain tae oor folks or we jist got a skelping. We baith feared and respected him. The birch wis on the go then and Fatty saved mony a boy frae it.

Back tae the Loan, there wis a wee man whae hed a fruit, veg. barrow. He hed a pony later on, hed a stable in an auld building jist as yea gaun intae Gateways. Canna mind his name. Is it Fisher, aye? We used tae help tae push his barrow and help oorsel at the same time. Another yin, a West Ender, done the same, his nickname wis 'Apples', can mind o him cause hei wis aye in and oot the pubs wae his profits. Yin o oor worthies 'Auld Jimmy' bided in the left hand side opposite Hendry Kerr's opening. He owned his hoose, Jimmy Edger (minded his last name). Depending how much drink he hed, usually Saturday nicht his mind went back tae the trenches in France and wae a besom or a stick hei would land in the road fighting the Jerries. He used tae tell us great stories when hei wis sober. Sunny days, hei, like a lot o the Loan folk sat on the doorstep, some on the window sill, ithers hed a stool, or a box, even chairs were brought oot. Back tae Jimmy, they hed a hellava job getting him oot his hoose when they destroyed the Loan. I dinna think Jimmy lived long efter that. For us boys it wis a great event, but now I think it wis a disaster when they demolished the Loan. Opposite Jimmy's hoose, behind the hooses in Hendry Kerr's, there wis the piggery. It belonged tae a fat woman, Jess McVittie, but she hed a wee man whae looked after them. Hei hed a barrow tae collect auld breid, veg. etc. frae the shops. We were, or I was, feared for him cause somebody said he wis a 'Jerry'. He wis aye scriffy, black looking, gie like whit we were telt Germans looked like. Yin hot summer we hed been playing in 'Hendries' when somebody dared mei tae let the pigs oot. I must hev said something aboot the ferm. Onyways I taen the dare up kenning the Jerry aye locked the gates. Mind there wis a high black fence roond it. Also hei went tae the High Level at denner times. This time they werna locked and egged on I went in and opened the pens, canna mind how mony pigs. Yin thing, ma so called mates hed fled shouting "Jerry's coming". I run tae, really gliffed. I can mind pigs everywhere (better no get carried away wae this), but they were in the Bleach, Hendries, and when folk were trying tae roond them up they went up closes. Women chased them, men cheering the Jerry and the pigs. Years efter it wis auld Jock Thorburn whae minded mei on aboot that, I hed forgotten. P.C. Neil come roond hunting for the culprit. I dinna think hei tried ower hard as Mum overheard him telling the men it wis the best laugh he hed for years. Bairns, yer Dad hes nae intention o asking onybody tae help mei wae this, it's a personal thing between us for yer een alone.

Anither worthy wis Peter Adamson, hei bided in Gledstone Street wae his sister whose name soonded like 'Nairn'. She hed lost a leg, went aboot wae yin crutch. Peter as far as I ken, wis the last independent stocking maker. He made ma faither's stump socks. Hei hed a shed in oor drying green shaped like a wedge, an auld building, yea stepped doon intae it, white washed ootside and in, the widest end hed an open fire. Licht wis

Tilly Lamps. He did get gas later on. Mum sometimes helped him, dinna ken whit she done. How I ken a lot aboot Peter wis Mum sent mei wae soup for him, and often when it wis wet hei let mei bide, can mind auld calendars and pictures o dugs on the walls. Folk made fun o him cause he spoke kinda jessie like. Peter wis kent far and wide as a breeder o Dande Dinmounts, we called them hairy sausages. Peter wis a meek, mild man but his yin failing wis drink. If he hed selt pups or won prizes at a show hei would land in the High Level on the Saturday. When we were playing, if we seen his sister coming, we used tae gather at the Post Office. She used tae stand ootside bawling on him tae come oot, till Tommie Turnbull hed tae pit him oot. If hei hed spent the money she hounded him alang oor street, hopping on yin leg and belting Peter wae her crutch. She went ower the score yince, struck him and Peter struck his heid on the stone ootside the pub and he landed in the Cottage. The stane wis a big yin, richt on the corner, dinna ken what it wis there for, mebbe a louping on stane. Peter wis gie fly, I heard the men saying hei aye left money ahint the bar for a drink through the week. Bairns, gaun up tae Drumlanrig Place and yea will sei the gap where I bided. Couple garages in it now, and jist think, 20 odd folk bided in there, gaun up the close, you'll sei very little hes changed, nine years I spent there.

Anither pairt o ma childhood that puzzled mei, wis in the middle tae late thirties, when I often came hame tae find yin or twae men sitting on top o oor stairs heving soup or tea and a piece. I thocht they were tramps but when I wis aulder Mum telt mei they were tramping roond the countryside hunting for work. Then we hed the 'Ingin Johnnies' frae France, they went all ower Scotland wae their bikes laden wae ingins. The yin that I can mind of, whae done the West End, wis a wee Roly Poly man, wore baggy troosers and a black beret, gave you a sweet if yer Mum bought some. We hardly ever needed them, but fund oot he strived his sweeties up roond Rosebank Road, so we tried tae be there. Big hooses bought a lot off them.

The next regular wis a man wae a large suitcase, we called him the stane man, cos amung the stuff he selt wis stanes the wifie used tae merk the closes efter they hed washed them. Every wifie hed their ain designs, whirls, hoops, loops and fancy lines. You could tell whose turn it had been by the design. Even folks' steps were done and God help you if you stepped on them. A cheap way for Mum tae scoor the lavvy wis for mei tae cut a sod in Hendries, nae white lavvies then, kinda mottled broon.

Wash Day - whit memories o it, each wifie hed their turn on certain days, and also the 'bleach' poles. It was better organised than a battle. Mum and her twae neighbours were luckier than some, they hed their ain green roond the back. Twae 'bleaches' on the Loan, yin wis where the new Drumlanrig School now stands. So ee ken how big it was, the ither yin is still there, opposite Loanheid Ferm. Mither and mei were early risers, I hed the cows tae dae, Ma sometimes went tae clean hooses early. Bairns, I wish your Granny hed lived long enough for you tae ken her. She wis amazing, coped wae disasters that nae man could have. Maist wifies hed tae. Back tae Wash Days, I usually lit the tub fire and filled the boiler wae water. I can mind it hed a huge roond wooden lid, fair scoored white. I couldna lift it, aye slid it. The lassies cut the bars o Lifeboy up, nae soap powders used. Yince Mum got gaun the wash hoose resembled a Turkish bath, Mum a dim figure through the steam pounding away wae a beetle stick, bending ower a scrubbing board, transferring claes frae the het water intae the cauld. We all gave her a hand wae the mangle. I've hed a bath often efter she wis finished, though sometimes she gave the het water tae Mrs Nichol or Mrs Hogg for their things. Then when they were dry, oot come the cast irons, heated by the fire. Nan usually did the ironing. Us boys never wore underpants or vests, jist the better off yins, jist tucked yer shirt tail roond yer arse. Nae pyjamas either, the lassies hed long goonies. Stockings were kept for church and school and winter. Troosers, except for yin decent pair, were patched ower and ower again and boys like me, whae hed an aulder brither, never got new yins, yea got his handed on. Every early spring, jist before the frosts ended, was sheet washing time, every claes pole covered. Wifies left them oot tae get the frost as it made them whiter. Yea darna play near them, they made a grand sicht. The 'Steamie' came in later, taen some o the hard work oot o washing, not it all. We all organised oorselves tae make sure yin o us wis there tae help Ma push the pram up the Loan. Mum done washing for ill folk, and wifies that worked. She got a wee bit money frae them, though she often washed auld bodies claes jist for the price o the soap. Ee ken in thae days maist men were oot o work, or on short time, but wud they Hell even think o giving their wife a hand. Us bairns hed tae wait till they were fed. Men got the best that wis gaun, ken it's hard tae believe, but eggs were a treat. I can mind o fierce rows in the Loan and ootside the pubs, blood often shed ower men whae hed earned money or got the dole money and hedna handed ower tae their wives. Women would shout ootside at them and some men would come oot and belt them, though if her neighbours joined forces the husband usually sneaked oot the back or side door.

Mind it wis aboot this time, mebbe 1938, that Grandpa wanted me tae bide wae him in Peebles, Ma telt me aboot that years later. Faither wouldna let me gaun, seemingly I wis a gie wee shilpit thing and Grandpa wis worried aboot mei.

The West End hed great bits for us boys tae play. Hendrie Kerr's wis used summer and winter (he hed a greengrocer's shop in the Howegate area, and kept his pony in the field top o Gladstane Street aboot 1910). You could sledge frae there richt doon Gladstone Street tae Slattery's shop, afore the scaffies shunder it, but the Moat alang wae the Back Braes hed everything. Back Braes stretched frae the back o the Puirhoose richt up tae the Scar at Cavers first field, then right up the side o the Dicks Wud tae the Curling Pond at Crawbyres. It followed the Slitrig all the way and hed fields on the ither side frae the 'Ministers' up tae Lynwood Big Hoose. There were bushes, paths, trees, steep banks, hiding places. Spent maist o oor holidays there, guddling for troots, baggies, katie-beardies. Also tried tae 'shirilee' eels (dinna ken if that's how yea spell that word!). It wis made oot o flexible iron straps wae the end turned doon for a handle. We used tae kindle a fire and fry them, though I canna mind ony o us eating them. Gie often fell intae the water hunting fish, cut bows and arrows, made pea shooters oot o horse rhubarb, used haws in them, got a skelp when we went hame wet. The Crawbyres curling pond wis where we got frogs' eggs and newts. We also caught pin heids in jam jars. In the Moat it hed swings, roondaboot and a see-saw. We played cricket, soccer, running, cocker-ossie, and climbed the Moat. Yin time the toon pit twae barbed wire fences roond the slope tae try and stop us. We also held wrestling, it wisna ower guid for sledging.

The Vertish wis another guid play place. You could gaun up past Alex's ontae the richt away alang side the Vertish Wood through the Dicks Wood, ower the railway next tae the six arch brig (gone now). Yea came oot abin Crawbyres Brig. The Vertish hed the best sledging run in Hawick. We called it the quarter mile, steep, fast and a path run across it where the trough is. You could fly off it if yea didna watch oot. I've seen hundreds on it (o well a hellava lot!). Then yea could walk up tae the gate opposite Woodend, that wis a richt o way tae. It brought yea up tae St Leonards Curling Pond. Somehow managed tae get skates and auld walking sticks and wae a chuckie stane played ice hockey, far fiercer games than you sei on T.V. There wis a white cottage inside the gate, auld Jolly bided there. (The wifie's name wis Mary Featherston - Mrs Jolly wis her lassie, she hed yin airm. Mrs Jolly is still living, kent her son Eddie for years). Hev a guid story aboot Mr Jolly, they flitted tae Haggis Ha Cottages. It wis ither his lassie or daughter-in-law who also bided there. She used tae treat oor cuts and scrapes wae iodine. Hev tae mind bairns, we all wore short troosers then, richt up tae we left school, odd yins hed overalls or their brithers' auld yins. We were chased if we played ower near the greens, but where they haud the Vertish Hill Sports wis the few level bits we hed, often played rugby on Sundays there. Mind yince Cecil Froud, Paddy Valentine (he wis playing in the League) joined in, richt up oor street, baith teams turned on them, they were scragged...guid fun. There wis a Caddies Hut and a Pro shop at the first tee. Unemployed gaithered there tae earn. I think it wis 2/- a roond then for carrying clubs, some rows and scraps if yin tried tae pinch anither yin's regular. Tips were yin o the main cause o the trouble. All the West End worthies gethered there, played pitch-an-toss, maist o them hed nicknames. I learned some great swear words there.

The best dooking wis the Spetch and the Dunk, dived off the 'elephant's back' then farther up there wis the 'motor boat', baith big rocks. Then at Branxholme Brig we hed the 'barrels' and oor last dooking bit wis Scatter-Penny, funny name. We also played at the 'cat's pool' and up underneath the tunnel formed by Elliot's Mill and the Kings, or wis it called Odeon then?

The 'Auld Man's Seat' is still there, whit stories it could tell. Sit on it someday, look doon the Loan, you see all that's gaun on. Everybody that went up and doon got their character. Toon Cooncils were formed, politics discussed, Toon and Government yins. They were auld gossips, but maist important the mysterious rites o picking horses wis performed, 6d roll ups, doubles, trebles, singles each way. Men whae hed little schooling could work oot odds tae the penny. Each hed their ain place, young men got up when the auld yins arrived. Maist o them were war veterans. They went hame for their tea then heard the results on the wireless, back up tae gaun ower them, losers blaming jockeys or the going, winners coonting their winnings. Ma Dad yince won the possible pay oot on a roll up. Efter that, onything that happened wis dated frae that until the war sterted. The auld yins in summer bided on the seat till derk, though the lamp helped, as rain wis the only thing that drove them hame. They pestered every cooncillor tae pit a roof ower it. Never got it but the cooncillors gave them a wide berth.

Yin thing I forgot tae tell you happened in the Moat. We were playing when Big Jock Edger wae Eddie Bev (Berridge?) got Edger Halliday and mei tae haud socks for them tae fill wae leaf mould. We werna pleased but you never argued wae men. Would maist likely got a daud on the lug if we hed. The toon's men when clearing up leaves, dumped them ower the Back Braes fence and as the men were shovelling they came across money. Mind it wis in different coloured paper, some burst. Half-croon, twae bobs spilled oot, never seen as much money in oor lives, Bev run off tae the shop at the Moat gates tae phone the police. While hei wis away, Jock whae wis, and is, a heller, telt us tae get some and hide it. I pit some in ma pockets, I didna look what Jock wis daeing or Edger. There seemed tae be nae time till Bev came back and ahint him came a police car, then anither car in which wis I suppose bank officials. Dinna ken if there were bank notes. Police taen ma name, ken bairns I wis gliffed stiff, the money wis burning in ma pooch, terrified in case the police searched mei. By this everybody in the Moat and frae the Loan (I got lost among the crowd, I canna mind all the details) came intae the Moat. I watched the police searching the leaf mould, then went hame. Hid the money up at Peter's shed, canna mind but it must hev been aboot a pound. Telt Ma, Dad had heard it frae somebody. I wis famous at last. P.C. Neil came next day and I hed tae tell him whit I kent, he said I might get an award. That made mei worse. Wis gaun tae buy a pony, got it picked oot, gaun tae send Ma on a holiday, buy ma sisters' presents. List must hev been endless, pony wis first. I got a new suit - nearly broke ma heart, didna even ken how much wis the reward. Dad collected it or the bank sent it, ma young dreams shattered. There wis a bank robbery, robbers hed got in frae a sky licht. I'm aboot sure they kent whae it was, a certain name wis bandied roond the West End. I canna mind if onybody wis charged. Minded Jock telling mei tae haud ma tongue.

I think that wis aboot the Glasgow Exhibition 1938? Grandpa gave us the money tae go wae the school. Jackie taen mei and I've a feeling I taen some o the money wae mei. Taen mei years tae spend it, hid it at the ferm when we flitted. I've tried no tae blaw this up but it wis true, Jock will mind. That suit got mei intae a lot o scraps. Nan bought it, can mind everything aboot it, russet broon thing, a half belt at the back, pockets in the jacket hed flaps. Worst wis the bonnet, it hed a big button on it. I wis dressed in it on a Sunday, Nan taen mei tae Mass. Can still mind the names the boys called mei gaun doon the Loan. Nan left mei efter Mass and I wis in a scrap nearly richt away wae yin o the McGurks, anither big family. Ken what I done bairns wae that cap? First chance I got I buried it in the ferm midden. Got a skelping, telt Ma some big boys run away wae it. It put me in a position that wis bad, boys were wicked on onybody different. Christmas when we were wee wis exciting, even if there wisna much money for presents. Men and women whae were lucky enough tae be working didna get Christmas holidays. No mony Christmas trees but tae mei something a lot nicer, hoops hung at windows, curtains or blinds were never drawn. This wis when we were in Drumlanrig Place. I'll tell you how they were made. Apples came tae shops in wee barrels held wae hoops, yea needed at least eight. Nan made oors, she intertwined them tae make a large ball shape, covered the hoops wae crepe paper, silver paper, onything that made yours different. Little things were then hung frae them, homemade stars, etc. Nan wis guid at it, nice at nicht. We aye hung oor stockings at the big grate, mad rush in the morning tae sei what Santa hed left, usual things, apple, orange, sweeties, a wee toy. I yince hung ma faither's stump sock, got it filled alright - wae ashes! Ony kind o books were favourites. We made things at school for Mum, Dad and family. Hankies for the lassies, stockings for the boys wis standard, grey stockings wae a red ring roond the top. Efter Christmas you would think West End boys went tae yin school.

Now I ken whit a difficult job oor Head Sister hed, she hed pupils coming for the qually, hed some that would be sitting it and others that sat it the year afore. She hed twae blackboards, went back and forret tae them for different lessons. She hed jigsaws up on the deep windows for the pupils that were in their last year, as efter the qually you tended mair or less tae get the same lessons and of course you finished them quick, hed ither things tae, I wis in her class twae years, must tell you aboot Francis Brydon whae must hev held the record for excuses for no being at the school. We were sure his Mum hed a medical book. Francis wis yin o a large family. Ma telt mei his Ma taen in washing. Mebbe that wis the connection wae Francis being off. Hei wis a richt worthy even then. Can mind his faither didna keep guid health, anither war veteran? The truant officer must hev hed a busy time in the West End hunting pupils. There's a story aboot ice-cream, Skinniards, Sister Aloysius and mei, but I'm no pitting it in. Being a Catholic school we got the Irish Romany folk sending their bairns tae us, then they hed tae dae sae mony days in the year. They aye camped ower the top brig o the park, jist on the left hand side. Overhall looks ower the site. I could take onybody tae their camp. Auld Scott wis guid tae them - how div I ken? Well, first they aye happened tae sit aside mei the first time, and at playtime we fund we hed the same interests, dogs, horses. Also your Auntie Nan wis richt chummy wae John Scott's lassie, so I wis allowed tae gaun up on the days that Nan, whae wis working now, went tae Overhall efter work. In the finish I jist hed tae tell Nessie I wis gaun, and she telt Mum. Can mind yin o them taen me hame as far as the Haugh, if Nan wisna at Overhall. It wis Nan whae telt mei that John Scott never wore socks, hei would be the Grandad o the Scott that's in the ferm now. Also I ken he wis famous for his guid sheep dugs and prize sheep. In Hawick, even in those days, gypsies were looked doon on. Romany kept them self tae their self. The odd times I wis there they were guid tae mei as they treated mei like an adult. Never could say I got close tae them, but they seem tae show mair affection tae their bairns than oor parents. Maybe I'm looking at them through rose coloured specs. Even boys at the school shunned them or bullied them. Travellers were aye mixed up wae Romany, they were a lot different I learned later. I mind the lovely interior o the Romany horse drawn caravans, jist wis allowed tae peek in or sit on the step. They bided for aboot twae weeks, this wis jist afore the war. Somebody said they cut willows there for basket weaving. Could be true, but I think they dealt in horses amung themselves. Never seen them efter war broke oot, keep in mind yer Dad would only be eleven or twelve then.

MID RAW — UPWARDS TO LOAN — 1860

Must tell you aboot anither teacher Mrs Eckford, she also wis there for years. Now I wonder how did we no get young smert yins? Mrs Eckford wis a terror and you came frae Mrs Gilfinnon intae her class and the yins in her class hed you gliffed afore yea went in, 9 or 10 year aulds were her class. She hed an awfa temper, but if you could write well, pot-hooks, etc., she got on nae bother wae you, but her main delight wis if she found pupils that could sing. Puir Francis suffered in her class, I got away wae murder. She was still there when yer Ma wis at school, yer Ma wis feared for her, she wis really a poor teacher, nuns usually taen the infants.

I thocht that the qually wis an unfair test tae sit at 11½ tae 12, ok for the clever yins but no for slow learners. Lot o pupils left barely able tae read or write and oor school hed a guid record. Yin example I can give - Eddie Nolan failed his qually the first time, passed the next yin and his parents insisted he went tae the High School full time, which was frowned on then. Also they were a strong Catholic family; kinda better off than maist o us. Eddie went on tae be Dux, went ower tae an American College and wis, and is, internationally known in his field. He wis lucky. Right up tae I left school catholic pupils went up for special periods in Art, Woodwork, Metalwork, Science, but when Bull Finlayson, the head o Art, wanted me tae take extra periods I was not allowed, though I wis getting the old repeat lessons. The Catholic School did not want tae lose any pupils. Thank God it changed for you yins. I must admit I didna bother learning much in my last year, liked gaun tae the High School. Yin mair thing aboot the High, the boys whae were ahint got gardening, the big garden wis where the first extension wis built at the High.

Aboot now I wis given Eck Young a hand (he wis the hind) tae milk the cows at nicht. The hinds that came tae Cavers hed tae supply a woman for tae milk the cows, sort of a bondager, but Eck married a toon lass so he hed tae milk the cows twice a day plus working the pair o horses. He wis there in 1938. I sterted tae milk the cows efter bringing them doon and if Eck wis working late. Mind Eck hed the horses tae bed, groom, etc. Billy then mucked oot and fed the cows, long, long hours. Saturday, lowsing time wis 4.30 p.m., but horses and cows were still tae dae, same on Sunday. Farm workers then got 6 days holidays, threi days yin half o the year, the rest in the other half, aye when it wis a slack time. May Ferm Day and New Year's Day were holidays, so wis the Common Riding in Hawick. Mind there wis yin cow, she was wicked. I usually left it for Eck but he wis working late on hay or hervest. I tried tae milk her, she wis a kicker. Alex kept her cos she wis a heavy milker. I tried all ways, tying her leg tae her tail, tying baith legs wae a hume strap, she nearly fell, tied her back tae a bar, nae guid. She aye got mei or the pail o milk. Sometimes I thocht I wis winning then wham!

Pail, stool and mei richt intae the shitey grip. I wanted tae be able tae tell Eck "all cows done". He used tae gie mei a copper or twae but it wisna the money I milked them for, it wis Eck whae I liked. Wished often he wis ma faither. He's still gaun aboot, a great, honest, fun loving man. Hei learned mei tae stand on my feet. Afore I leave that cow, later on I milked her offspring and she wis as canny as a lamb, that's the cow that let mei ontae her back. I think I telt yea when Sammy Lauder tried it, ower a hedge he went. Later on the boys o the West End gave mei a hand tae milk the cows.

I can jist mind the trip tae the Glasgow Exhibition. The train ride and a huge tower stuck in ma mind, also Jackie taking mei up tae sei them felling the Lynnwood mill chimney, watched frae Hardie's Hill. There wis a dam richt up tae Lynnwood, so it yince must hev hed a water wheel.

School holidays were also gang times. West End agin Linnies, naething serious, name calling and maybe some fights or wrestling. We used tae shout names frae the top o the Scaur and sometimes the Linnies chased us. We could thraw divots doon at them and we airmed oorselves wae bows and arrows and spears, canna mind o onybody getting hurt. There wis a path that run frae near the Scaur richt ahint Ramsay Road tae the Moat, and we dug holes and covered them ower, pished in them, also shit in them, wiped yer arse wae docken leaves, canna mind onybody stepping intae them. Now at 60 year auld canna help chuckling at this. Pirnie Tamson and mei were wee and fast so we hed the job o seeing whit way they were coming, all this based on the pictures, cowboys and Indians, also the Cavalry. Gang fights, if there were ony, finished at tea time by agreement, the fights that did take place were wrestling, boxing kind, nae kicking allowed.

Maist lamb sales landed in oor holidays, very few came wae lorries. Some came wae the train, but roond Hawick and further they were driven by the herds whae hed certain ferms tae rest them if it wis mair than a day's drive. I, and some o the ither boys helped them. We stood at road ends, kept them oot o closes and chased toon dogs. Ma mates used tae get fed up, I never. All roond Hawick there were certain routes the droves taen. West End for St. Leonards, Pilmuir, Southfield, richt up the Dodburn, wis doon the Loan, roond the fountain, through the village, ower the Slitrig Brig, alang the Crescent, turned up the Mill Peth, under the railway brig. God help a herd whae wis driving. Hill lambs, if a train came then, jist scattered bouncing like rubber ba's. Yea then turned intae Wellogate Place, doon tae the bottom, turned richt then left, richt along and doon the Killin Hoose Brae. Droves came frae Wellogate area and taen Twirlees before gaun doon. Flex, Hummelknowes, Greenbraeheids and ither ferms richt up the Slitrig drove their lambs as did Stirches, Weensland, Borthwick, etc. Lot o swearing if ony gardeners or big hooses left their gates open. I kent twae men whae drove for a living. Yin wis Dodo Bell, whae bided on the Loan, he worked for Davie Patterson, whae wis a big sheep dealer. Their dogs were only guid for droving. Later on in yer Dad's life I hed a dog that wis kent frae Edinburgh and the Lakes, but that's anither story.

Holidays we never hed nae money, yince I hed a week's holiday on a ferm yon side o Bonchester called Maxside. Jock Patterson was the hind afore Eck. Bided a year, as usual, and flitted at the term tae Maxside. I used tae gie his wife a hand tae milk and help Jock. He let me ride the work horses. It wis a great adventure for mei. Tony Anderson's bus tae Bonchester then, hed aboot twae miles tae walk wae ma wee case. Got ma ferms mixed up - it was Telfers o Maxside. Great week for mei as the Telfers hed ponies. The son Jock, aboot ma age, turned intae a great worthy when he taen ower the ferm. He wis sadly missed frae the Rule Valley, though hei still comes for the Common Riding. Yin laugh wis when I wis gaun tae bed I asked Jock where the lavvy was, he taen me ootside, handed mei a spade and pointed tae the trees and telt me tae pick ma ain spot. I thocht he wis serious, but he then laughed and taen me doon near the steading where there wis a wee hut built ower a ditch, or wis it the burn? The Big Hoose only hed proper toilets, Jock and Billy hed Alex's first tractor, a richt, richt auld yin, no very guid. Jock could jump a five barred gate wae bits on, he run at all the local games.

Ony money we made except for coppers were handed intae the hoose, but now and again we got a wee treat (Grandpa). Sunday train trips, seaside excursions, you could gaun for a day tae Berwick, Spittal, Portobella, Dunbar. Spittal was the yin we maistly went tae, can mind the fare, ten pence. The first time I went Jackie hed tae take mei, can mind it jist like yesterday. It must hev been afore I went tae Glasgow as it wis the first time I hed been on a train. Also, it wis the first time I hed seen the sea except on the pictirs. Memory o that day will aye bide wae mei. Jackie wis warned tae keep an eye on mei but hei went wae the big yins tae the side shows. No mei, I wandered back and forret all day. Mind yea didna get long on yon day trips. Came hame wae pockets full o shells, seen fishermen rowing in nets wae a kind o windless, full o salmon. Mum hed made a poke up o sandwiches, can mind the seagulls diving for the crusts. The big yins used tae buy stink bombs, wee glass bulbs, for gaun hame in the train. Nae corridors, so on the platform they would thraw them in a compartment that hed its window doon, caused an awfy stink. If ee was needing a pee yea hed tae dae it oot the window. Wee yins got a dooks up. The aulder yins used tae crowd the windows, so adults thocht their carriage was full, a lot o Hawick families went tae Portobella, mills got a week. I'm sure it was unpaid then. Some o us whae hed bogies hurled their cases tae the Station and met them when they came back, guid tips gaun, no sae guid coming back, can mind every bairn lugging a tin pail and a wee wooden spade. I used tae be richt jealous. McEwans never went yince.

Common Riding pre war - McEwans never went tae the Moor as a family, why? nae money. The twae Cornets that stick in ma mind were Lockie Thorburn and Danny Nuttall. Danny's cos a got a horse tae haud on Chase nicht - Lockie's cos hei spoke tae mei at school. I also helped Billy wae his, sure its name was Misty Morn and if memory serves mei he won the Jed Murray Trophy wae it. Also his lifelong mate (Billy's great pal wis Chuck Whillans, he wis a joiner then), I'm sure, hed a yin called Purple Patch. I ken they were keen followers and baith were Cornets efter the War. Writing this I'm using ma memory, could hev asked folk aboot things but decided no tae. This scribble could cause arguments but yin thing I hope it daes is getting folk minding o the Loan and its folks. I say the Loan but that includes Cheviot Road, Ramsay Road and its streets, and Rosebank richt up tae Haggis Ha, also an auld raw o cottages opposite the stables called Rosebank Cottages. I wondered if that wis Burnhead Ferm. Chuck Whillans was brought up there. Purple Patch wis ma pony when I followed Charlie Bell efter the war. I never got tae the rideoots, except I biked tae Denholm for Nuttalls rideoot, but we went tae the Chases and Cornets Walk. They days hundreds o men and boys walked, there were aye strives, where if you were lucky yea got a copper or twae. There wis a rumour that yin Cornet het the money aforehand, dinna think it wis true, maist likely made up wae the aulder yins so we would haud back. There wis aye a guid strive at the front o St. Leonards hoose efter they sang the 'Song'. I would be ten afore I walked up tae the Moor, aye hoping tae get a horse tae haud but I wis ower wee, but aye managed tae mooch a shot. Never paid, Cush Willison wis on yin gate and hei let the West Enders in, even efter the war, everybody said the gate men went on holiday wae the money they skint, Never! West Enders dishonest?! What an insult, they were as honest as the Common Riding Committee, or so I wis telt, great sicht seeing the folk walking up, bairns in prams, loaded wae pieces. Must say the men, except the yins in the pubs, shoved the prams up. Wifies went in the bus or walked trailing the aulder yins by the hand. Mind no mony men could bring the bairns back doon. I often wished oor family hed went but the times I can remember I never went short o something tae eat. Various West End wifies when they saw mei wandering aboot gave me a piece of pie, tei or juice. Sometimes I wis sent tae the tents tae howk their men oot for their grub, nae chance. Though I got mony a penny frae them when they were fuddled or hed a wunner. Funny I can mind the stock message I taen back, it wis never No! it wis usually "Tell Bella I'll be there the now efter I finished ma drink".

I'm no gaun tae pit doon whit the women said, it wis coarse and tae the point. It wis a great sicht on the hill on a sunny day. Hundreds o large family groups, how did the wifies feed them? The lassies in summer frocks, everybody hed ribbons, grannies looking efter bairns, sing songs, drunks sleeping it off, men wae hankies tied ower their bald heids. The whole hill covered in colour. Bookies shouting, bairns didna seem tae get lost then, aye somebody kent them, sing songs in the buses gaun hame (efter the war, before cars). Great cheers for the Cornet when hei wis leaving. I could gaun on for ages. Yin thing, when oor bairns were born we never missed a family Moor outing. Mei, and men like mei, pushed the prams and if I wis wae the flappers I made sure they got up, and my wife being off the Willisons, they aye hed a huge gethering. Feel a wee bit sorry for oor grandbairns, it's all cars wae yer wee private wundshields, deck chairs, etc., can hardly sei yer next door crowd. It's still a great day oot, naething like it in the Borders, I love it. I usually babysit for a wee bit tae let the women gaun tae the Games, then efter I take a walk roond the cars wae ma bottle meeting folk I hevna seen for years. Billy Fisher and Carrie, lifelong friends, hev spent mony a guid day there. Alas Billy is no longer wae us but I'll sei him at the Moor. Afore I leave the Moor must tell you aboot the 'Tents'. They're a modernised now, Top Tent and Paddock Tent, High Level run them in ma young days. Men only, bulging on a wet day, rain dripping doon the necks o the yins that couldna get richt in. Bottled beer then, boys made money collecting them off the Hill. Visitors frae ower the world, even if it wis their great, great granny whae wis Hawick, they were all Hawick men every yin a Hawick man and women on the Moor. Heard remarks "Howt! I kent yer faither's faither". Now there were drunks but I canna mind o yin bit o trouble, maybe a wifie letting her man ken whit she thocht o him. Stock reply "Howts wumman it's the Common Riding". I followed Cornets frae Charlie Bell richt up tae afore I got married, missed yin or twae when flapping but aye managed Mosspaul. Now they tell mei its nearly spoiled wae forestry. Lot o ride-oots under fire, are my age group gaun tae be the only yins left that mind o the views we hed ower oor great Border hills, freedom tae pick yer way, few gates and fences. My favourite spot wis top o Linnup Hill waiting on the rest catching up before yea went ontae the road, "200 horseman or mair in yin streekit line". Efter the war ma Dad did gaun tae the Moor wae his betting cronies, mebbe jot doon what I mind o efter the war later on.

Back tae school days, but still the Common Riding, I've telled yea aboot Granda's flapper afore the war, Bobby Mac, he would hev won the Tradesman if the jockey (Grandpa telt mei hes name 'Smithie') hed rode for the bookies that day. I got revenge on him efter the war but that's anither story. Oor pre-war, for us bairns, highlight at the Common Riding wis the 'Shows'. It wis the only bit o the Common Riding that hei taen us tae. I fund oot later that he hed met a man called Codona, whae wis the son o yin o the biggest travelling families in Britain, when he wis in the army, and seemingly he hed learned Codona tae read or write. Also they were baith teetotallers. Codona never forgot Dad, they met up again efter the Great War. So we got ontae maist o his rides for naething, but I mind it wis aye aboot tea time. Also got a shot on some o the stalls. Dad wis a crack shot, hed a Bisley-model and at the stalls won prizes maistly for the lassies. He would hev tae pay for them I suppose. I wis aye fund ahint Pinders' Circus where the horses and ponies were tied tae claes poles so they could graze. The folk in the caravans used tae chase mei but gave it up as a bad job. Koko the clown wis boss, I aye went tae sei them (Grandad's 2/6). All West End boys went doon at nicht even if yea hed nae money, used tae watch the boxers parading ootside their booth and the man shouting for challengers. I think it wis £3 if you went threi roonds. Hawick boxers come tae mind - Dodger Broon, Pawkie Patterson, Frank Finnie whaes brother fought efter the war. Anither name, but I'm no sure, wis Mucklewaine, and I heard that Freddie Mills fought in that booth. They seemed tae get plenty wanting a go. Mind in they days £3 would be a lot o money. If yea came hame late by the Sandbed, Howegate, Drumlanrig Square and the Loan on the Common Riding Saturday nicht you saw a lot o drunks, 10 oclock chucking oot time then. I dinna think in ony toon or city there wis an area like oor West End for pubs. Stert at the Tower, finish at the High Level, at least 10, canna mind ever being feared o drunks, we seen fist fights, men weaving back and forrit. They were funny, some hauding up a wa, some sleeping at the fountain. I canna mind o onybody getting mugged, maybe because the West End wis a gie tightly knitted community, everybody kent everybody else. Also the police kent everybody and gaun be what I heard no feared tae wade in tae break up fights. Excuses at the local court efter the Common Riding would hev been worth hearing - "Howts yer Honour it's the Common Riding tae blame".

Pre-war I think there were Fancy Dress Parades, but there was yin I mind cos it wis a huge yin. Can mind the lassie Burns whae bided in the 'Steel Hoose' wis dressed up and rode a pony. Better explain 'Steel Hoose'. As far as I ken it wis the first effort o a 'prefab'. It's still lived in at the top o the Loan. Built efter 1914-18 war it wis supposed tae be the answer for the hoosing shortage, but the depression came and pit a stop tae them. It hes steel ootside walls, stands in its ain grund wae a gairden. Yin o the reasons given for no building ony mair wis that it taen up ower much grund. (I wis telt aboot the Steel Hoose but I canna vouch for its truth). Mr Burns wis a well known breeder o Border Collies. I think he worked for Davie Patterson, sheep dealer. I yince reared a litter o Collie pups for him.

Back tae the Parade, I mind Alex's lassie Etta hed a pet lamb on a lead. I didna join the parade, I ken Nessie, Laura and their pals did, can mind Nan rinning up something on the machine. Every factory, builders, shops, etc. hed floats, dozens o bairns, men and women dressed up. The yin float that must stick in everybody's minds wis the 'Skin yairds' frae Albert Mill. They hed a big cage on a lorry wae a man called Mattie Oldman dressed as the 'Wild man frae Borneo'. The rest hed blackened themselves frae heid tae fit, jist wore dookers, hed wee bones stuck in their hair, white bits painted on their face and carried spears and shields, really looked very fierce. Kept poking Mattie through the bars, but when the float came tae the Horse, Mattie escaped. Now Mattie looked the pairt, long airms and bandy legs so when hei got in amung the crowd lassies were screaming, bairns were gliffed. Then the Skinyairds Zulus tried tae capture him. I'll never forget that - wis sair laughing. Everybody used tae say yea hed tae be mad or daft tae work in the Skinyairds, showed ee it wis true.

Back tae school - Nan, Jackie and Peggy were aye in front o mei. Nessie and Laura, there wis only threi years covering us, Maria sterted efter I hed left. Peggy wis backward a wee bit and didna keep guid health. I'm not bragging but we were all clever at school. Many pupils frae large families were clever enough tae gaun ontae College but there wis nae money except burseries. Laura got the chance but died when sitting them. Francis Brydon, whae I mentioned before (worked for Alex Finnie the scrap merchant) became a wizard wae figures. Bobby McConnell and mei were aye aboot the top o the class. Bobby, as I've said wis a quiet lad, and him and mei were great pals. We aye tried tae keep the pupils whae were a bit better off oot the prizes, ken it disnae soond nice but we kent we would hev tae leave school at 14 years. Onyways I loved tae sei ma Mother's face when I came hame wae a prize or ma exam papers. Mind she aye fund time tae help us, also Nan helped wae oor homework. Mum wis very prood o all her bairns, broke her heart kenning she could not afford tae keep us on at school. Dad wis prood o us but never praised us. He did praise Jackie whae wis his kind o laddie. I wis still at school when war broke oot and English Catholic evacuees came. Parents sent them tae escape the threat o bombing. I'm afraid there were mony fights wae them. They were very posh dressed. I often got a bluidy nose frae them, but before I left, we made good friends wae them. A new young curate came aboot then, got us interested in boxing. Johnnie Gonella wis guid, also an English lad called McCartney, mair aboot him later, I wisna bad for ma size. Aboot then Father Gray came, he turned the Church and school upside doon. Ma said he wis a saint, hei visited everybody on the Loan frae Protestants tae Jews. It wis great when the Common Riding invited him tae be Principal Speaker years efter when he wis a Cardinal. Hawick folk said hei should hev been Pope, he wis the stert o Unity in Hawick, he hed the common touch.

I hed tae stop boxing when we sterted tae take on ither schools - couldna afford the rig oot. Onyways I wis never away frae the ferm. Hev tae laugh now at Sister. If some big-wig, or the Cornet, wis coming tae school she arranged us so them wae guid tidy claes were in front, same wae oor singing groups, so I wis aye at the back and being wee seen nowts, but could make mischief.

Aboot this time Dad wis oot o work again. Him and Mum hed some terrible rows aboot his gambling. We used tae lie terrified in bed, only went tae sleep when we heard him taking his artificial leg off, funny how some wee things stick in yer mind.

Before I leave this, aboot fower or five years ago when fencing at Ramsay Road, Netta Anderson, sister o Darzie, put me richt aboot something aboot ma sister Nessie. She was christened Nessie Nadia Serafinee. Netta cleared it up, she telt mei Nessie wis just a bairn when we came tae Ramsay Road. Telt mei that she used tae take us oot, Nessie wrapped up in a shawl and it wis Laura whae wis born in Ramsay Road. She said Nessie wis born in O'Connell Street - that fits - next tae Serafinees chip shop and Nadia Serafinee wis Godmother tae Nessie. She hed been richt guid tae us. Netta also telt mei that Mrs Serafinee wanted tae adopt Nessie - that fits tae as Mum hed mei in 1927, Nessie a year later, and then Laura next year, so she must hev hed a hellava rough and hard time. (No sure how yea spell Serafinee). But now I can mind o hearing that name but never paid ony attention, but I fund oot they hed a chip shop and an ice cream shop at that time.

STREET GAMES

Girders were iron hoops that wae a stick you could rattle them alang the street. Some hed an iron rod fixed tae them at the smiddy. They were dear. Afore I gaun on yea hev tae mind streets were dead quiet then, no like now. Also in oor street there wis a muckle big wa that run frae the corner alang tae the hoose next tae the High Level. Mind there wis a big solid gate in it. Pape-a-go wis played efter the shows, squares merked oot wae chalk, numbers in them. Yea hed tae land a wee stane or button on them, fag cards were used as money. Swapping fag cards went on all the time, yea got a book tae pit them in, so tae fill it yea swapped. I sei they are worth some money now. Chestnut time, great battles wae them, turn aboot tae smash the ither laddies. Perees were got oot the mills, bought yins were the best. Yea hed a whup wae a guid bit o string on it which yea birled roond the pirie. Some boys could make them loup gie far. Hide-a-way, usually played at night, could be gie booglie as the Loan wis full o closes and pens. Louping hedges at nicht wis for the brave, front hedges roond Ramsay Road wis best. Slides doon the Loan pavements were made by rubbing a candle up and doon. Got rows for it, but can mind some o the young men heving a fly shot. Cuddy-loup wis played in different ways, yin wis a line o boys sae mony feet apairt, the last yin run and louped ower their bent backs, then the next and so on, could gaun richt alang the street. Yin mair - wis gie rough, twae tae fower boys used a wa or a lamp post tae haud ontae, then he hed tae try and loup ontae the boys back nearest the wa using the first boys back till yea were all on. Of course the boys bending doon tried tae shake yea off. We hed gutters in yon days, efter rain we made wee boats tae race doon them. Boolies were played all summer everywhere, doon gutters, at school, pavements, roads. Various ways o playing, the ring was the maist popular. Yea tried tae knock the ither boys oot, common sicht tae sei, fower or five boys kneeling in the stoor playing it, could cause fights. Strict rules how ee knuckled. Sandy Douglas at oor school wis that guid he got his nickname 'Sandy Dabber' frae the game. Auld socks were made intae a poke for carrying yer books. Tig wis played, kinda touch rugby played wae sides, a gentle cocker-ossie played in the street. There wis a row o huts and garages in Hendry's built wae their backs tae oor big wa in oor street Drumlanrig, they hed gaps between them. We used tae spiel up the wa, rin alang them and jump the gaps. I think that's where I got the blame for breaking Billy Lunn's airm, hei fell and a wis supposed tae hev pushed him, I plead ignorance cos I canna mind o it. I broke ma airm twice at school, yince playing cocker-ossie and yince fell ower the dyke in the playgrund. They banned cocker-ossie but never put a fence up at the wall, some o yea young yins wull no ken how we played cocker. Yea picked yin laddie (various ways o picking a laddie or a team then), hei hed tae stand in the middle o oor playgrund, cry a boy's name. The rest o us were lined alang the wa, the boy cried hed tae try and jook across tae the ither side. If he wis caught hei joined the first boy, if he got tae the fence hei shouted cocker-ossie and everybody charged across wae the boy trying tae catch some. It went on till everybody wis caught, great honour tae be last boy caught. Now dinna ask mei where the word cocker-ossie came frae, I dinnae ken if I'm even spelling it richt, that's whit it soonded like. Forgot tae mention oor playgrund wisna tarmac, just covered wae wee stanes.

Anither yearly event wis the Vertish Hill Sports, but I better tell yea whit I can mind o the lassies street games. Main yins, beds and skipping, stotting a ba agin the wa or gable end. Lassies were far better than us wae a ba, they hed dozens o different ways o catching it. Stotting a ba off the grund between their legs, roond their backs, etc., also stotted a ba up and doon their beds (beds on the street, stupid!), dinna laugh at mei. Also used a stane playing beds, hed tae hop and kick the stane intae the numbers or pick it up and hop up and doon withoot touching a line (wish Nessie wis here tae write this). Skipping wae threi or fower lassies, skipping also on their own, went on in the street every day. Lassies hed a lot o skipping songs, nearly all lost, that's tragic. Also songs and chants for ither games. Aulder lassies also looked efter the wee bairns.

VERTISH HILL

The Vertish Walk sterted at the Buccleuch Memorial where ee got yer ticket, then yea set off wae various bands leading yea tae the Sports. The boys were aye bad tae keep in order. At the Vertish yea got money, I mind yince I got 2/-. Yince we got a Coronation Mug or wis it a Jubilee yin. Same year we got a fancy tin o sweeties at the school. Every school entered runners, team events were hotly contested. Scouts and B.B held tug-o-war and for aulder yins kite flying wis richt popular. We made them wae canes and hoops off the apple barrels, mind the paper that Lizzie Cavers hed wis guid for covering them. Prizes were given for height and the best decorated. You got vouchers tae change for claes, etc. or prizes. Sam Corbett gave me a wee story aboot kites, hei couldna get it very high till Fegg Hunter, whae wis judging, telt him tae tie a divot on the end o the tail. Hei did and won baith prizes, height and decorative - admitted the man helped or he would have been blawn away. Sam said kite flying ended 1961(hei read ma first scribble). The present day Vertish is run the very same way when I wis wee. I taen all oor yins up, great picnics, mind the year when the heavens opened, oor hay shed and ither sheds were full o women and bairns drookit tae the skin. Lot o they events were stopped during the war, mind getting ma gas mask at the Parish Kirk Hall.

Yin wee story aboot the Vertish, the aulder were telt tae help in the race track, the men were laying oot the obstacle race, various things, but they laid oot a large lorry tarpaulin that the rinners hed tae crawl under, yin for each school. Dick McGowan and mei were given tent pegs and a mallet and telt tae knock them in the eyelets tae keep it frae moving. I swear tae this day we didna dae it on purpose but when the first heat wis run the boys dived under the sheet but couldna get oot. Eyelets in the sheet were no far apart, Dick and mei hed done the sides but also the front, can mind the uproar and folk laughing. Dick and mei made oorselves scarce but catched it later on for letting oor school doon. It must hev been hellava funny tae sei six boys trying tae get oot but no tae the boy in the lead, hei won the re-run race. The only voucher I ever won wis in the final o that race, third. Anither thing I mind wis the lovely brass kettles some women hed, they got them full o tea.

CAMPING AND ENTERTAINMENT

We used tae gaun camping, some wae homemade tents that leaked. We tried tae sook in wae boys that hed real tents hoping they would share us. We didna gaun far, yin o oor favourite bits wis up top o Crumhaughhill where there is an auld horse and cairt richt-away that leads direct tae Goldielands Tower. Gie often landed hame efter yin nicht. Beans and breid staple food, some hed sausages. Mind trying tae roast tatties in the fire, aye tasted horrible.

The only entertainment we paid for wis the pictirs, threi in Hawick, The Kings, The Piv and Wee Thea. Very seldom at the last twae, the Kings changed its name tae the Odeon, it hed a junior club. Yea maistly went tae the matinee, it wis only tuppence. Yea tried tae get an extra penny tae buy a fruit lucky bag at Laura Bennet's, she cut the rotten bits oot. Her shop wis aye full o cats sitting on stuff. We would try and pinch sweeties, nae chance. I'm sure she hed een in the back o her heid. Ken, I never seen Laura's legs till years efter, she wis a very smart woman and it's no mony years since she died a guid age. We went tae the Piv matinee now and again, that's where I saw Jimmy Guthrie getting killed in Germany. It wis on the news reel called Pathé Pictorial. Also the Piv then held Variety Shows, aye mind afore they done it up cheap seats were at the back, wooden yins. I canna mind o gaun tae the Wee Thea till efter the war, rumour hed it that you could get in wae jelly-jars. Mum telt mei she yince played the piano for silent films when the regular player wis ill. Also I heard the first talkie wis heard in the Thea. It must hev held Variety tae as there wis boxes at the side, also twae galleries. We called the top yin the 'Gods'. Mum also worked part time at the Kings when it wis a roller skating rink. P.S.A Youth Club wis a place I never went tae till efter the war, nae money the reason again.

THE LOAN

The Loan wis full o wee shops - that's wrong - the Square and Howegate hed maist. The Loan had Lizzie's chip shop, she also selt fags and grocery stuff, then doon tae Cairniecross's (Olivers) on oor corner o Drumlanrig, where opposite the High Level wis the Post Office and it also selt everything. Then doon tae the Moat Gates. I'm sure Zelby Hogg wis there till he moved tae Green Terrace. Across frae the Gates Bert Johnstone's mither hed a shop, then at the bottom left hand side wis Johnny Bertoli's chip shop. When war broke oot, and as Johnny hed never taen oot British papers, he wis put on a boat tae Canada. Puir Johnny, a richt Hawick man. Jim Scott wis a sodjer on that boat, reckoned Johnny died o a broken heart. Across frae Bertoli's wis anither wee sweetie shop, then yin on the corner at the Stags Heid pub. Opposite Bertoli's wis James Henderson's, licensed grocer, biggest on the Loan. Next door the butcher Telfer and I canna mind whit the ither yin was. Bottom o Gladstone Street a large Bakers Shop, Jim Ingles faither I'm sure wis a baker there. Across frae them wis Slattery's, selt sweeties and papers, also groceries. Then further alang oor famous West End store, now intae flats, mair aboot the store sometime, then along by the Store the only drapers, Clarkson's. Their faither wis a packman, came tae Mums for years, him and Fazildin's faither were the only packmen we hed owts tae dae wae. Mr Din wis the first man I ever saw wearing a turban. Across on the corner again wis another wee shop, then the other side o the road wis the shop that Zelby went intae later. Mother often sent bairns messages withoot giving the name o the owner, or gave it the name it wis kent first, didna matter whae taen it ower, usually yea were jist telt tae gaun tae the 'Corner Shop' or the owners first name wis used. Ither shops that stuck in ma mind are Nardini's chip shop, selt fags and sweets; Jim Kennedy's chip shop; Gilroy's newspaper and comic books, toys and games; Mungo Wilson's grocers, Silver Street; the florist o Airmstrong I think, she wore long black dresses; Francis Henderson, grocers; Drummond's book shop, that's where we bought oor school jotters; Davie Scott the butchers and we all kent Jockie Foost's at the bottom o the Peth.

The biggest tragedy tae hit the McEwans efter Netta wis confined tae hospital for life wis the death o Laura at 13 years of age. Family hed decided tae gie her the chance tae further schooling. She wis sitting for burseries when she wis struck doon wae a brain tumour and died. Lot o folk in the West End still mind o her. Madge Elliot, nee Robson, Nessie and Laura were close pals. She also looked tae mei for fun and laughs. We were very, very close. Nearly every man in the West End attended her funeral. All the school wis at the Mass for her. Taen Nessie and mei a long time tae get ower Laura's death. I left the Church ower that and some ither things, went back for a wee bit later on, and then finally became a non-believer. I do admire and envy folk who hev faith. An auld wifie yince said there are better Christians ootside the Kirk than in it. Laura wis a brilliant scholar as was Maria, whae also got the chance, but she loved the free life, lived it tae the full.

Hogmanay wis anither time we looked forret tae, went roond the neighbours, Huntie-gowk 1st April; Guy Fawkes, then the Haugh wis full o bonfires, wisna tarred then; strives at weddings. Mind yince hundreds o sodjers coming doon the Loan on horses, early thirties, frae Stobs? I've telt you how on guid days folk used tae sit ootside on their steps, well I mind o an auld woman Mrs Thoburn or Thorburn. She wore laced up boots, seemed tae hev twae or threi black skirts, an auld pinie, pokie bonnet tied under chin, but whit stuck in ma mind wis she smoked a clay pipe. Naething unusual aboot that as a lot o the aulder men and women did, whit made her different was she smoked it upside doon. It hed a silvery cap on it, she bided no far frae Jimmy Edgar. We were telt she wis an auld Irish traveller, canna vouch for that. I sometimes went tae Oliver's shop for her baccy, thick broon, or wis it twist? The baccy wis like a rope, the shopman hed a wee chopper fixed tae the coonter merked off in inches. Mind the plate wis brass, also sent us tae the jug bar for her beer before the pubs opened. Mind yea hed tae catch Tammy or Wullie ootside tae ask them for it. High Level pub there wis anither auld woman, this time we were telt she wis a gypsy, canna mind her name but she wore earrings. Women never were in the bar but I saw some coming oot wae their jugs. They covered them ower wae their pinies.

BOOKIES

There wis a bookies runner whae stood at the end o oor street tae collect betting slips. They were lifted and fined now and again. Bookies aye paid kinda betting tax, also certain hooses used tae collect the bets. Pitch and toss wis played a lot, Vertish, Young's Hill, Hardie's Hill, also on wet days at the Caddie Hut. Sunday efternoon wis a popular time, played in full view, canna mind ony o them being caught, they could sei police coming a mile away. Also gave us aulder boys a copper or twae tae be look-oots. No very often I must say. It wis played wae pennies, strict rules, onlookers could bet on the side. Wonder if it wis Hawick men whae taen it tae Australia where it still is popular. Mind Dad speaking at the auld man's seat saying he saw miners playing it soon as the Mass was finished, gie often aback o the Church or its Hall. Anither gambling sport wis whippet racing. I can mind o the men blethering aboot the dogs that run, they run in a straight line tae their owners whae cried on them and waved hankies. Seemingly we hed yin, or a share in yin, and it only run tae ma mither. I did ask her aboot it and she telt mei its name which I've forgotten. Wonder how she fund time. The field wis up aboot the store field or where the greyhound track wis built up the Wellogate. Gambling wae cairds must hev went on as I mind being puzzled when I heard men on aboot 'Caird Schools'. I thocht it wis a place for learning, they also called Pitch and Toss schools. Anither sport wis hare coursing, dinna ken if there were ony gambling, maist likely there were. Greyhounds were used but lurchers were best. Gentry did hare coursing so they tried tae stop the unemployed and workers, nae chance, though the police and the courts were hard on them. As fer as I ken the West End police didna try ower hard, men were rough and werna feared for the law, no feared tae take the police on. I gethered a lot o this information keeping ma ears open when boasting wis heard frae the men at the seat, telt yea afore there wis nae place in Hawick like the seat. Yin personal encounter wae hare coursing wis Billy's faither Wull, he hed a great greyhound bitch called Fawn (mair aboot Wull later), and he hed seen, for twae or threi days, hares in the Changefield up the Nipknowes. I wis looking efter Cavers sheep then so hei asked me tae move them oot early on a Sunday morning. I can mind it wis afore I milked, which I did. Fower or five men were waiting, I think there were threi dugs, the fellow Hogg wis there, Wull Bev tae, Billy's faither of course. Onyways afore they sterted there must hev been nearly a dozen. I couldna bide long but seen the first hare raised, it went intae the Vertish where it wis caught. Wull seen mei later and I got 5/- off him. I think Fawn wis the winner, Pop should mind o Fawn. Yin unusual thing aboot the hares wis when I looked the sheep wi ma dogs they sometimes just run a few yards and stopped, gie often jist stood up like a dug begging. I'll no pit doon poaching as a sport, it wis serious work for food and money.

Onyways this is for ma memories o school days. As eggs were a kinda luxury I often went in the spring for peewits eggs. Best time wis efter the corn and barley wis sown and before they rolled the fields. Expect yea all ken how the peewit drags her wing tae wear yea awa frae her nest. They jist scarted a hole in the grund, laid fower or five eggs, gie bad tae sei if it wis a stoory field. I've seen hundreds o peewits in ma school days in the cornfields. Some folk wouldna eat them, we did, never taen all the eggs. Pheasants' eggs, I hed tae walk up tae St Leonards or ower tae Branxholme Woods which wis mair dangerous for they hed keepers. Yin keeper whae bided at Newmill used tae gie yea a halfpenny for every guid egg, but the ferm worker sons hed a monopoly on that. Later on I also collected for eating Picma's eggs and fermers hens' eggs. Looking back we never were sterving as bad as I heard some o the auld men on aboot their boyhood days. Now I wish I hed taen in whit they said cause maist o the books I read aboot their young days jist quote figures, etc. Aye seem tae be written by folk whae were ministers, cooncillors, historians etc. folk looking in, but no in it. The so called upper and middle class must hev hed an attitude that I see so plainly today "Man mind thy self and tae Hell wae ithers".

FOOD FOR THE FAIMILY

As I said, before I got on my high horse, we never sterved but were aye hungry, also as yea ken now we were better off than a lot o large families due tae Grandpa. There was yin bad, very bad spell, when Dad and Grandpa fell oot so I will try and mind whit we lived on. Breakfast, Mum aye hed porridge, made the nicht before, I got milk frae the hinds' wifies for helping them tae milk. Sometimes I stole it. Lassies made toast. When aulder I liked fried breid, must hev been some job for Mum tae get us organised for school but bairns then hed tae be independent. We aye hed a leave piece or a soda scone (leave pronounced leaf), maistly came hame for denner, canna mind o big denners, usually a plate o soup. At tea time school yins got their meal efter the aulder yins, ken I canna mind o mither sitting doon tae a meal. Usually yin course - tatties, turnip, rabbit stew, mince, salmon fishcakes. Dad loved kippers fried hard, stank the hoose oot, canna mind o mony fry-ups except for Dad, aye on a Sunday morning. I've telt you o chips frae Lizzie's, meat frae Davie Scott's, also could buy broken biscuits at Woolies. Nae cakes, very few puddings, breid pudding wae raisins in it. I kept us gaun wae treacle for puddings and for spreading on yer piece - Cavers hed a 40 gallon drum o it for making mash wae bran for the cows and horses. Rhubarb frae the garden made a great sweet. Nae butter, marge only, fried breid wae beans. Hame made jam, I used tae gaun for scrogs for jelly, Mum usually gave them tae a wifie whae hed time tae make it. Also went for mushrooms, a treat wis a slice o bread and marge, sugar sprinkled on it. A loaf wis aye called a half-loaf, dinna ken why. Homemade potted meat melted ower tatties, stovies wae ingins and leeks in them. Corned beef wis cheap compared tae butcher meat. Sometimes we got a bit o black pudding frae the aulder yins, every butcher hed his ain recipe, it wis cheap tae. I couldna mind ony mair at that age but I kent then the allotments kept a lot o families off the so called bread line.

Nearly all food wis plain, nae rich food that I can mind o except clootie dumplings at Christmas. Mum and the neighbours made them all on the same day in the wash boiler, must hev taen weeks of saving tae get the raisins, etc. tae pit in it. She aye put a silver threepence bit for each o us for Christmas denner. Christmas denner would be a rabbit, or stew, which wis a treat. It wis only when I wis aulder we hed a cockerel frae the ferm. First yin I got hed an accident, belted it wae a shovel, telt Alex the horse kicked it. It wis guid, young rhubarb peeled, an a poke wae sugar begged off Mum wis a treat, goose-gogs oot oor gairden or pinched, wild rasps. Canna mind if I telt you aboot oor favourite drink, sugar-ally. Penny worth frae the corner shop intae an auld bottle and shake like hell till it frothed up. Chestnuts were roasted on the big grate, hazel nuts, Fenwick Glen wis the best bit - soor plum leaves frae certain bits o the road bankings, never sei them now, also a wild plant that hed wee heart shaped leaves whit were very nippy, canna mind its name - locust lumps oot the fairmer's sheep feeding bins. Friday, for Catholics, wis a meat free day. Mony a fishy rabbit we ate unless Georgie Robson hed been oot poaching. Kail, grown for cattle, tall wae huge umbrella leaves - if yea split the stalk the inside wis as sweet as honey. Later on, when amungst horses I could get them tae dae owts for a bit o kail. Kail wis often grown in ferm workers gairdens, but it wis a different yin, I think. Jist minded we done guisin but hed tae dae it richt - dressed up and recited poetry or sang, and only on yin nicht, no like now.

Another shop where we glued oor snotty nose tae wis called Pairky A'things. Mr Lynch wis the owner. It hed, tae us, everything a boy needed. Mr Lynch hed a bonny lassie Cathie whae chummed wae Nessie, Laura and Bridget Manning, a mind baith o them hed red hair.

Yin holiday we were playing up the Vertish, some o us hed managed tae scrape up 6d for a Woolies sheath knife, we would be playing cowboys and Indians maist likely, when Abe Nichol wis supposed tae be plunging his knife intae the grund, and stuck it intae his hand insteed. Think Mrs Ballantyne dressed it. Yin other thing that makes me chuckle now, I seen in the Daily Record the ither day a student lass wis asking folk for tae let her ken how wartime rationing affected them. Never affected us, we hed been on rationing as lang as I could mind. The lassie's aye got ma claes coupons and later on the sweetie yins. Dad made mei, efter I sterted work, gaun for Woodbine tae Olivers. Men got yin ten packet a day, they also taen the fag machine at the Toor Knowe away. The aulder boys got twae Woodbines for tippence in a paper packet, also some machines selt five. Dad wis aye full o ill nature if hei hedna a smoke or a bet. I didna smoke till the first Common Riding - stupid bugger - aye, ah ken now. Fruit frae abroad, bananas, grapes, figs, etc. we never seen, but we never seen them afore. I, and folk on heavy work, got extra cheese. Toon Hall wis turned, at denner time, intae a cheap denner canteen. Think there wis yin set up in every toon, got a basic denner. All the time I wis at school I canna mind o ony denners, in fact I'm sure. We did get two bottles o milk afore I left.

Men aboot ma age will mind o ma nickname, the maist unusual yin in the West End, 'Cugzo', tell ee how I got it. Ma, in winter time, gave mei a half o an Oxo cube tae take tae school and the janny would fill ma tin cup wae het water, so first I wis called Oxo then Cubes then it turned intae Cugzo. Sambo McLean, a pal frae Longcroft, broucht it back tae mind, nearly every boy hed a nickname, mair later aboot them.

INDOOR GAMES

Yin thing aboot the West End, I canna mind heving ony bother cause I wis a Catholic. Couldna join the B.B. as it wis jist for Protestants but could hev joined the Scouts, a lot o ma mates did. Hawick High School then wis the only school whae played rugby as far as I can mind. There wis a men's team played rugby when I wis at school on the field at the Ministers, where Lyle & Scott is now. Canna mind its name, wisna ony o the names o juniors nowadays. I never saw the Robbie Dyes playing afore the war, followed them through the Hawick Paper. Indoor games on wet or snawy days were Draughts, aulder yins played it - Snakes and Ladders, Ludo, and for mei ma Meccano. Yea could buy wee packets and collect or swap frae ither boys. In oor hoose it wis maistly reading or drawing, lassies knitting. Peggy wis yin o the best, made her ain patterns using fitba coupon squares. Lassies also played nurses, aye wanted mei tae be bandaged. They also kept an eye on Marie. Hed sing songs efter we got a battery wireless. Mum wis talented when it came tae music, hed riddle games, made tents wae the claes horses. All these games hed tae be played in the bedroom or doon in the wash hoose. Think I telt yea Peter Adamson used tae let mei watch him on a wet day. Edger Halliday's hoose hed an empty hoose or an auld room, mind it hed hardly ony flair in it, and some o us would gie Mick and Ed a hand tae chip sticks in it. Halliday bided opposite oor street entrance, jist doon frae Donald and Billy Lunn's hoose. It's only the boys I played whaes hooses I mind best, lot o auld folk on the Loan.

Dad, through the British Legion, got a wee shop in the corner at the bottom o St. Mary's steps, I think. Grandpa set him up tae. I can jist mind o taking his tea doon efter I came hame frae school, so it must hev been aboot 1936. Didna lest long, hei hed an awfa bad chest, lot o ex-sodjers hed yin - gas seemingly in the so called Great War done them, also, as I heard, the trenches. Expect Dad's shop wadna dae weel for maist men done their ain cobbling. Also there wiz a number o cobblers roond that area, Michael Grahams, the biggest, wis in Silver Street. (Ken I must pit doon name o boys whae helped mei when I hed the cows tae milk and I will later).

A jingle that I mind went like this
"Look whaes coming doon the street
Mrs Simpson wae her big, big, feet
Haudin' Eddie by the hand
Singin' I'm an auld cow hand"

Great wae tae record history!

MISCHIEF

Mischief tricks, usually in winter - favourite yin wis done on the Loan where maist hooses hed front doors side by side. Yea got an auld bit o rope or strong binder twine looped yin end ower the door handle o yin hoose and tied it on tae its neighbours, then chapped on baith doors, run like hell across the Loan tae hide in a close tae watch the folk trying tae open their doors, best if they came at the same time. Then we hed the trick o chapped windows, again the Loan hooses were perfect, back windows were best as yea could hide ahint coal hooses or in lavvies. Yea hed tae try and push a thumb tack intae the spar o the window, then hed a long bit o derk thread wae a button on the end, hanked the thread ower the tack so the button hung doon next tae the glass, paid oot the thread tae yer hiding place and geen the thread gentle pulls so it chapped the glass. It wis that guid a ploy we aye geen the show away wi laughin, the expressions on the wifies faces were great. They used tae shout efter us "I ken whae yea are and I'll tell yer faither". Anither yin worked jist wae new boys in the street. English evacuees were easy meat, sent them tae Lizzie's chip shop late on and they hed tae ask her if she hed ony chips left. Of course she wud say yes, then the boy hed tae say "sers yea richt for making ower mony", and rin like Hell.

Cinnamon? wis long broon stalks, like back end leaves rolled up. We smoked it, could eat it forbye. Boys, for a dare, would gaun intae maistly sweet shops, and ask for daft things - we called liquorice, lick-her-erse. We aye done they tricks and ploys doon at the fountain or Sandbed shops. There wis a shop opposite the end o the fountain, I think hei selt spirits, the owner could dae magic tricks, fascinated us.

The County steam roller, also their steam lorry, chain driven, drew dozens o us. Also their tar boiler wae its chimney stack. Some mothers whaes bairn wis bothered wae their breathing wud ask the tar man tae lift the lid and let the bairn breath the hot tar fumes. Anither lorry wis used tae keep doon the stoor, hed a big water tank wae a pipe wae holes in it alang the back. The water sprayed oot like wee fountains. We used tae rin up ahint it. Yea hed tae keep a sharp ootlook for the driver stopping suddenly, as yea got drooked, hei done it on purpose. They did Crumhaughhill Road as, if I mind richt, yin jist hed frae the flat roofed hoose upwards twae stripes o tar for the wheels. They also used it for washing the road efter the Cornets' horses.

It wis in Drumlanrig Place I saw the biggest salmon o ma life and I dinna think I'll ever sei a bigger yin. George Robson poached it, it wis over 40 lbs. George is still living, ower 90. I hev a blether every week, he is in St. Margaret's Home. Madge Elliot, his lassie, can vouch for the weight o the salmon. Madge is a great friend o ma sister Nessie.

FLITTIN, NEIGHBOURS, PALS

1937 tae '38 we sterted tae get a wee bit mair money coming intae the hoose. Nan, Peggy and Jackie were working. Mum's name wis doon for a hoose at Lynwood, we needed a five room yin. She wis telt it would be 1940 or '41 afore she would get yin, they hed sterted Crumhaugh scheme. Lynwood wis aboot finished, and Longcroft scheme wis sterted. Mum done all her ain decorating so she done the hoose, Grandpa, I'm sure, helped tae buy a new cooker. Yin day we came hame frae school, found her greetin, she hed word frae the Toon Cooncil she would hev a hoose in 1939 as they hed discovered the whole block wis full o dry rot. This wis efter Mum hed decorated frae top tae bottom. Dinna ken how the Cowans next door wis no affected, Scott's tae on oor ither side.

Ken every time I pit this doon, then pick it up sometimes days later, I mind o something else. This time wis jist afore I left school, there wis a dance in the Church Hall for the aulder pupils and a lassie called Faith Toley, wae some ither yins, hed climbed up ontae the roof. She wanted tae sei her aulder sister. Faith fell tae her death through a sky licht wundae. I wisna at the dance, Nessie was. This morning alang the street I met a richt West End women whae I hedna seen for ages, and as usual, when West Enders meet o oor age, the blether is aboot the auld days. She verified aboot the jugs for tripe at Jess McVittie's. Then came oot wi a stotter I didna ken aboot, twae stotters. First yin wis Jess selt mixtures o veg tae make kail, also she brought me in mind that Jess aye wrapped her toffee in newspapers, here is her ain words "Ah eat mair Hawick News's than I read". But the yin she made me howk ma brain wae, and she wouldna tell is, jist kept on and on saying "come on Jimmy yea shairley can mind o him", then efter a few hints it came tae mei 'Blind Wullie'! Hei used tae sit in an auld chair, Jess gave him a bowl o tripe brae every day. It helped ma memory tae gaun back, I ken I've sworn jist tae use ma ain memories, but I couldna resist that. It wis the same Blind Wullie that delivered papers. Mind, if yea helped him across the road he aye asked, "Whae are yea son?" then he telt yea aboot all yer family, frae away back. I'm no putting this wifies name in, cos I spent toontie minutes telling her tae get her ain story doon. She did admit she hed been birling the idea roond her heid for a wee bit. She can remember every name frae Haggis Ha tae the bottom o the Loan, she is a wee bit aulder than mei. We finished up in Gaylor's, her for specs, mei for photos. We forgot whit we were in for, the young assistants were fair toorled wae us. I'll ask her if I can pit her name in, or pass her on tae oor local historian Ian Landles.

We moved tae Longcroft, No. 17, in the spring o 1939. We carried a lot o wee stuff up, but Jock Broon wae his lorry came tae flit us. Mum emptied oor tykes and we taen them roond tae Alex Cavers ferm and filled them wae chaff. No like now, oor street hed nae roads, paths or pavements when we moved, nae railings or gairdens merked off but we didna mind cos, for the first time, we hed oor ain bath. Before this the aulder yins went tae the public baths, the rest, in oor zinc bath or the wesh hoose. The lassies hed their ain room, same as Jackie and mei, mum hed a decent kitchen, though I mind it wis aye damp, concrete flair and little ventilation. Hed tae leave back door open when cooking or washing. Very few cupboards for a large family, a wee fireplace wae hobs, toilet being in the bathroom caused rows. Well, ee ken whit lassies are like when they are getting ready tae gaun oot. We now hed a front, side and back gairden. Back yin wis hellish, it used tae be the road in tae the allotments. The best thing efter the bath and toilet wis we hed a centre gas licht, threi wee mantles. There wis, at the door, a wee square box wae twae buttons, pressed the white yin and the gas licht, black yin tae pit it oot. Nae mair tapers or matches. What rows we hed when we first went in for playing wae the buttons cos sometimes the mantles burst. The ither rooms hed a single mantle. There wis twae chains fixed tae it for tae make it dimmer or brighter. We still used candles tae read in bed and of course we hed a front and back door.

I'd be 12 when we flitted, must say I missed Drumlanrig Place at first. We were among the first families intae the Crescent, but soon there were dizins o boys as the hooses filled. Also Crumhaugh wis nearly filled. They twae schemes were built for large families, fower and five rooms wae some twae bedroom flats stuck in here and there. Mum and Dad wanted tae gaun tae Lynwood, so did I, but I think I telt you there werna mony five roomed hooses there. When we flitted Mum hedna much furniture or flair covering and for a guid while the stairs and bedrooms werna covered, jist an odd rug at the bedside. Mind Jackie and mei slept on a tyke on the flair. Mum managed tae get a bed but it wis second hand. It wis years afore Mum bought ony new furniture. Lino wis laid in the living room wae a fireside rug, squares o lino for the bedroom - stained the surrounds. Bathroom was also stained. Back-kitchen flair wis aye damp, lino didna last long. Newspapers were laid under the lino, guid reading when pitting a new bit doon, twae Hawick papers then! Families that flitted intae Longcroft came frae the Loan, also frae ither pairts o Hawick. Some Loan yins went tae Ramsey Road and Lynwood. I made a lot o new pals - Sam McLean, Ian Edgar. They were a mixed family, Sam and his wife Ruby still great friends. Sam, tae mei, wis the best young lad wae greyhoonds, heard ma faither saying that tae. We hed a big family at the end o oor block, Storie's, called Munty for a nickname. The Dawsons and Gallachers in the fower room hooses in the middle o oor block. No 15, wis Mr & Mrs Hogg, Wattie's mum and dad, big family tae, then twae Stewarts, and Henry Cranston in the end five roomer. Across in No. 2 wis the Pattersons, called Pawkie for a nickname, efter the song 'Pawkie Paiterson's Auld Grey Yaud'. Then the Borthwicks - Mrs Borthwick died at Christmas 1993, ower 100 years. She wis in her hoose frae 1938 or 1939. Her man wis aye called Piper. Then anither big family o Hoggs, Keenen still gaun aboot, anither Piper? Across frae them wis anither large family called the Broons, ma memory o them I think they were all joiners, mind they hed some bonny lasses. Mr Broon wis a richt guid gairdener, same side wis the Scotts, aye got called J.Y. dinna ken why. Maist o them were slaters, their faither wis a pal o mine, forgot that in the first hoose in Crumhaughhill were the Irvines. Mind when Ex-Provost Jackie run aboot wae his breek-erse hingin oot. Bev Berridge (Wull) bided there, then Donald and Bill Lunn's Mum and Dad further up. Donald's Dad wis anither pal o Dads. I kent a lot mair when I got aulder but they were the yins I knocked aboot wae, plus boys frae Greenheads and Crumhaugh. I'll pit mair names in when I'm finished wae schule days. These yins I mind o cos we played thegither. Before I leave Drumlanrig Place I will pit in ma neighbours - efter Oliver's shop, oor 'Auntie Maimie' bided, fower o the sons were Andra, Terry, Jim and Bert, then ee went up a narrow close and on yer left were narrow winding steps that led tae flats, Henry Broon, and Scotts. If yea carried on yea could get intae Wull Cavers back yaird or turned richt intae oors. Next tae us were the Cowans, a yin storey hoose. We thocht they were rich and further alang George Robson's family. I could pit doon mair names but wunna or I'm never gaun tae finish this.

I wis 12 years old when we flitted and spending mair and mair spare time on the ferm, also odd times at Lumback (Longbaulk) Ferm, a bigger dairy owned and run by Mrs Cavers and her lassie, plus a son called Norman. I think Mrs Cavers's name wis Jenny, they were related some way tae Loanheid Cavers, a name, or a nickname came tae mind - I heard mentioned 'Bull Cavers'? They twae Cavers never owned each ither, aulder West Enders will ken mair aboot that. I think, later on, I'll hev tae speir frae Pop, Jenny his sister, and Etta o the backgrund o Loanheid Ferm and its hooses.

When they were building oor West End hoosing they were great places for us yins tae play in. Nae huge expensive fences roond them, nicht watchmen were employed. Dad wis aye getting yin every now and again, but the famous and feered yin wis McGurk whae din Longcroft and ower at Crumhaugh. Hei wis a big fearsome man wae a voice like a bull. Fund oot later hei wis a champion quoits player. Ken yon nice place for sitting abin the booling greens on the New Road, that's where the pitch was. I can mind o a lot o men playing, bet they bet tae! I think McGurk's first name wis Hugh, or it micht be jist I used tae hev a scrap now and again wae his son, whae wis named Hugh, they were a large family, bided in Lynwood.

HITLER, GAS MASKS, AIR RAID SHELTERS

As it wis the year war broke oot, Hitler's name wis aye on the men and women's' lips. Roond aboot this time we got Reid's Relay wireless in. They put a mast in the field up Crumhaugh where in the aulden days they hed a warning bonfire. We changed its name tae the Mast Field. It didna affect us boys a lot except jingles were made up aboot Hitler. I've mentioned gas masks, we hed practise sessions at school, can mind they stank and efter a few seconds they misted up, also the yins for the wee bairns hed a pump arrangement for air. They built big concrete air raid shelters aroond the toon, hed a muckle big tank on the Loan jist abin the Moat gates, jist in case they needed water. Sand bagged main buildings - black oot wis hellish, yea could hardly gaun alang the High Street withoot bumping intae something. There wis a rumour that yin o the worthies wis gaun tae sue the Toon Cooncil cause hei hed walked intae the sand bags at the Toon Hall, but hei dropped the case when it wis fund oot hei hed came oot the Queens Heid. Ma hed special shutters for doonstairs, we hed blinds upstairs wae auld blankets hung on nails. Onyway, we used candles. Every hoose hed blind rollers, put in when they were built - "Draw the blinds!" if yea didna dae it richt they fairly shot up. The aulder yins when they were gaun oot aye taen a torch. Car heidlichts were masked, threi wee slits allowed. Us boys got away wae murder in the black oot, I'm no sure but they must hev put oot the lamp posts or dimmed them. We could follow whit wis gaun on before the war broke oot on Pathé-News, tae us it wis exciting, but it must hev brought back hellish memories tae the likes o Dad, no lang fought in a war tae end wars. Why did historians name it the 'Great War?'

Whit does stick in ma mind aboot 1939 wis the long hot summer, ferm work wis richt forret. Then efter the war wis on, and then off, it wis declared on. As I've said, I wis only twelve years, but now in auld age I can mind as weel as yesterday o Longcroft Crescent that Sunday September 3rd at denner time, though I'm no sure if it wis the air raid sirens that soonded or the bells. Onyways, everybody streamed oot their hooses on tae the street. The auld mans seat, in a short time, hed dozens o men roond it, mothers wae young bairns wrapped in shawls, wifies, like ma Mum, whae minded the last War, greetin bairns, young teenagers, everybody talking. Us twelve and under, I can mind, for yince were kinda feared. Then, if by a silent command, the wifies vanished intae neighbours' hooses, men were at the summer seat for ages. I wis sent up tae tell Dad his tei wis ready. Dinna think the bells were ever soonded again till efter the war wis won. Us bairns hed tae take oor gas masks wae us tae school. We got broon cardboard boxes wae string fer carrying them, often crammed a leaf piece intae it. Everybody wis supposed tae carry them, yea could buy canvas covers for yer box, carrying them kinda died oot as the war went on. Black oot wardens patrolled the streets, show a wee chink and they knocked on yer door, full o their ain importance. Stirrup pumps were issued, sand wis kept in a bucket. Maist stirrup pumps ended up in the allotments, great for spraying tomatoes. Can mind o jist yin big parade o the 'Terries', but there must hev been mair. It wisna till 1940 that I noticed a lot o teenagers and men seem tae hev gone frae oor street. Jackie, ma brither, went then afore his call up papers came, so we were back tae jist yin pay, Nan's, coming in regularly. Dad wis oot and in work, bad chest he hed.

We went in 1940 for rose hips, yea taen them tae a collecting depot, bairns got orange juice, concentrated, also cod liver oil, maist foulest, rotten tasted stuff I ever tried, but we fund oot if yea toasted bits o bread and covered them wae the oil, dangled them ower the brigs on a string wae a fish hook, yea could catch eels easy. Dad loved eels. End o 1940 wis when we sterted tae notice troops in the toon, canna mind o ony up the West End. We were thrilled if ony o the men whae hed been cried up spoke tae us when they were hame on leave, we kent them all. Ee ken, yon West End then, wis like a large village, disna maitter where yea went tae play some wifie or man wud say "Yer Kenzie's laddie", and if yea were playing wae her laddie maist likely yea wud get a jammy piece. This might interest yea, Mum wis called Kenzie all her life, but that wisna her first name, it wis Laurence. She telt us she got her call up papers near the end o the last war as it hed been misspelt and they taen her tae be a man. I've got ma faither's discharge papers, and Nan should hev his papers when he signed for the Kings shilling at Paisley. Can mind o Ma sorting oot the food coupons afore yea went the messages, as I've said afore, rationing didna affect us a lot, we hed few luxuries before the war. I dinna think the Duke o Buccleuch in the 1860s wud ever hev dreamt how his gift o allotment land would still be a God send richt up tae oor time. Forgot tae mention when they taen allotment land for hoosing they extended baith Lumback and Crumhaughhill, also there wis allotments back o the Convent, canna mind when they sterted. When yea went in the gate tae them, on the richt hand side, richt frae the road tae the back o the Cottage Hospital wis where the nuns grew their vegetables, tatties, etc. Big bit o grund, at least an acre. They had fruit trees inside the grunds, also gless hooses for flooers and tomatoes. The Convent at Stirches, where we went at odd times, wis a complete ferm, milk cows, pigs, cattle, sheep, huge gless hooses, a hospital, lovely grunds. Their steading wis the best built yin I ever seen, the last full time gardener wis Inger, came frae Europe, an artist, his ain tomatoes hed a taste o their ain. Tammy Frazer, whae looked efter the place and ferm, came later in ma life, which I'll pit doon if I live long enough! Ken I can hardly mind whit I din yesterday. Boys, whae are men now, that played for the P.S.A., Wanderers, Y.M., etc. I'll meet and pass a greeting "Hi Jimmy", and I hev tae reply "eh, oh, hiya son" or mumble, hoping it soonds richt.

Now I'm stopping school days, leave this page cos as sure as death I'll mind something later on. There's sometimes weeks afore I pick this up as wee things West Enders say tae mei bring memories o yin o the best places fir a laddie tae hev been brought up in. They even accepted mei though I wisna born there, mind yea, I didna let them ken as I wanted tae be a Guitterbluid. Kent I wud mind o something - hame made stilts efter a circus hed been, but a richt treat wis when I seen Cossacks doon at Mansfield Park or the field, now the Y.M., doon below it, aulder folk could give mair news o that. Anither yin, owre the Vertish sledging wae bits o lino, bairns use plastic bags now.

A bit o poetry frae Jock Farrie's memory:
Get up auld wife and shake yer feathers
Dinna think we're hameless beggars
We're only bairnies oot tae play
So get up and gees oor hogmanay.

I can mind o a lot o troopers coming doon the Loan, tae mei there were hundreds, they hed leather pouches on a belt across their chest. This must hev been 1931 or 32, ma mither taen us tae the end o oor street tae sei them. (Repeated this, like a lot o memories).

CORN EXCHANGE. 1870.

S.McEWAN

FERMING FRAE A FERM WORKER'S SIDE, LOANHEID FERM 1941 TILL LATE 1951

Onybody whae hes managed tae struggle through ma Sandbed English tae here, I take ma hat off tae yea. I'm no offering ony excuses, ma thochts seem tae rin faster than ma pen. Also I can write faster in Sandbed English than proper English, hides ma bad spelling forbye, ower lazy tae look up words. Some West End words I've pit doon as I heard them, I sterted this in ma best writing but it wis gaun tae cost mei anither £5 ledger.

Jist nearly 14 years auld in March 1941 when I sterted on Alex Cavers Ferm as odd job boy. Wis supposed tae stert in the Toor-Knowe bank, I wis guid wae figures and writing. Dad wis wild, I hed worked on the ferm ower the date I wis supposed tae stert. I dinna think hei ever forgave me, suppose hei liked tae sei his son in a guid job. I aye wanted tae work wae animals, canna explain why, but tae this day I've never regretted it, though shawing turnips on a cauld sleety day, I ca'd masel a stipit bugger. Ken now, I often wonder whit way ma life would hev went if I hed went tae the bank. I met ma wife through the love o horses, so I wudna hev hed this lovely family o mine. Also wud hev never met ma wide range o guid freends in the toon or country. I worked in all kinds o jobs efter the war, but now, at the age o 60 I've been back working in oor Border toons and lovely wild Borderland, fencing, dyking, draining, frae Copshaw Home tae Kirk Yetholm. Mebbe pit this time doon if I dinna get fed up, "sure div wander frae ma subject".

Onyways back tae Loanheid. Yea wull ken by now I hev never been away frae it as long as I can mind. A lot o West End boys were the same but I wis the only yin that sterted. Maist o the rest went intae the mill or sterted an apprenticeship in the building trade, hardly sei ony young lad serving his time now. Better stert wae the hinds I mind o, working back frae Bert Black whae left in 1942. Before him Eck Young, whae is still gaun strong. Till 1938, before Eck wis Jock Patterson, afore Jock wis Dod Tinlin, ("hope his lassies will forgive mei as his nickname amung us wis "Swan neck"). Dod wis a wee bit deaf but hei could aye hear us even if we whispered his nickname, chased us for oor life. There wis a man called Wull Young, reckoned to be a gypsy frae Yetholm, Sam says. I can mind o him jist. Hei filled in for a spell efter the first hind I can mind o left, Dave Crozier. Billy, or wis it his faither, telt mei Davie wis wae Alex for years, and only left cos hei wis offered a guid job driving the horse o Tammy Chisholm, the tattie merchant, whae hed a place aback o the Post Office where the tyre crowd is now. Now all they hinds bided only frae May Term tae May Term, except Davie Crozier. Also as Elick hed the long black block o hooses, they bided in different yins, except I fund oot Davie bided at the ither wee Ferm in Haggis Ha. Sam Corbett minded mei on when Elick and Dod Tinlin fell oot, and when the May Term came roond, him and his wife wae their family, hed tae get oot their hoose heving naewhere tae gaun. Sam's faither gave them his empty byre at Haggis Ha, or maist likely they wud hev landed in the Poorhoose. Sam is a wee bit aulder as mei but hes a demmed guid memory. Also twae or fower years efter, Sam's faither got Dad a job in the gas works. Should hev mentioned that Cooncil Hooses were built richt doon Weensland Road. Sam's family went there but maist o them that's living are back in the West End. I hev pit this in tae show yea whit tied hooses could lead tae, men couldna risk heving a row wae a fermer. Single yins werna bad, I'm no picking on Elick, this wis common practice ower Scotland and when I sterted heard worse tales than Dods.

Richt! Back again, Loanheid wis the last ferm inside the toons boondery. I'll stert wae the steading, yea went doon a richt little steep slope intae it, hellish for the horses. On the left wis Lizzie's chip shop, on the richt running up the Loan wis a high dyke frae Granny Cavers door tae the opening. Granny got her water frae a tap in the dyke, so did Eck. He bided across the passage frae Granny, Alex, Lizzie. Etta bided upstairs. Keeping gaun doon, on yer left, ahint the chip shop wis the midden. Afore I gaun ony further must tell you the whole yaird wis cobbled. The midden wis supposed tae be emptied yince a week on the Sanitary Inspector's orders. By the midden were steps tae the back o the chip shop where there wis an extension, and where for years auld Jock Thorburn got a couple bags o tatties a day tae clean and chip for nicht. Mind the machine that taen the skins off made a hellava noise, and the chipper wis a dangerous looking instrument. Yea hed tae pit the tattie in on end, haud it till yea brocht the handle doon that forced it through the blades. Jock din a full bathfu every day and I can mind sometimes twae muckle sinks fu. Tae the left o the stairs wis wooden steps that led tae the workshop, made teeth for rakes, sherpened reaper blades, etc there. Mind Etta hed a guid hut up in the corner where she played wae her pals. In the yairds proper were twae cairt sheds but the first yin wis used for Alex's van, next yin held twae cairts, we also hed a fower wheel light lorry. It wis kept at Haggis Ha. Next tae the cairt shed were the stables, stalls for twae horses and loose box that hed been converted intae a byre tae haud threi cows. Bit white gates divided them frae the horses and in the corner wis a ladder that led up tae the hay loft which run the whole length abin loose box, stables and cairt sheds. Twae double doors set abin the cairt shed and stable door wis for the hay tae be forked in. Next door wis the byre that held fower cows. Before I sterted Elick hed done it up. Between the byre and stable wis the horse trough, though drinking bowls hed been fitted for horse and cows. Afore that pails hed tae be used. In the corner ootside the byre that's where we put turnips, turnip shaws and kail for the cows winter feed. Now I'll gaun back tae the entrance again, doon the richt hand side a wee window level wae the grund, the only light intae a cellar, the only light whit wis used for folk biding in it. Granny telt me this, she wis in her 90s when she died in the late forties or early fifties, I'm no sure. Still on the richt wis the new milk hoose, the cellar hed been used afore. Efter that yea went doon a short brae where the door o the last named cellar wis. Yin o its uses wis where Cavers kept his stock medicine - try and mind them - Archangel or Stockholm tar, used for everything, a wee bit on the end o a thin stick could lift a bit o chaff oot o a coo's eye nae bother. Turpentine, udder salve, put it on yer hands afore yea milked, calf powders for white scour, ringworm ointment, big tin o Coopers Louse powder, it gave you a sair head efter dusting the cows - foot rot, in a broon tin, canna mind the rest. Yin that wis maist important wis a drench. Elick made up when a horse hed colic, a pint o it ower its throat, then yea hed tae keep walking the horse, darna let it stop. Horses' guts couldna stand much.

Richt, I'll get roond this steading yet, there wis also a spigot ootside the cellar. Next door wis anither cellar, couple o steps doon intae it, a massive door wae a muckle big wooden lock. I think this cellar must hev been yin o the auldest yins where folk hed bided. It hed an auld, auld fireplace, wide, wae jist threi iron bars tae haud the fire in. Plenty room at each side o it, then yea could sei where a swy hed been. It hed a wee wundae, level wae the grund on the Loan side, it's still there, but inside on the left o the door wis a bigger yin. This wis a queer place tae hev it cos it just looked intae the lavvy and whit used tae be a wash hoose. I think the lavvy and wash hoose must hev been added later on in the gap between it, and the maist important pairt o the ferm. This building stretched frae the lavvy tae the main byre, like the rest, twae storeys. I'll hev tae first tell ee that when I wis a laddie in Drumlanrig, every now and again, we heard this noise coming frae Elick's building, also there wis an exhaust pipe sticking oot the wa at the Cheviot Road side. Fund oot Elick hed an engine that cawed the threshing mill and bruiser, but hei wis aboot first tae hev electric put in. I can mind fine afore that the hinds and their wives gaun aboot wae stable lamps. Dinna ken the date when installed. Big sliding door wae a wee yin in it led intae this building. First thing wis a saw bench, then a couple or threi pens for calves on yer richt, on yer left wis an area for storing bran, meal, etc., richt at the very end twae big wooden cork kists, next tae them the electric motor for the belt driven milk and bruiser. In the corner wis a ladder that led up tae the mill corn and straw loft. Doon below wis a chaff hoose and next tae it, partitioned off, wis where the threshed oats run intae, and richt alangside wis the bruiser. When at school I used tae work that bruiser, easy tae dae but if you let it empty whit a bluidy noise it made. Also everything got, including yersel, covered in stoor off it. The hinds changed the belts for different machines. Can mind o the lang shaft alang the wa heid, nae guards. Up the ladder tae the mill Elick done the lousing and feeding the sheafs intae the drum, hei hed a leather mitt wae a blade riveted ontae it, fasted wae twae buckles tae cut the strings. This wis in case the knife went intae the drum, yin man at the shakers tae fork back the straw intae the straw loft. Forgot tae say the horse stalls had twae bob holes in the hay loft flair tae pit the hay straight intae their necks - cows hednae. It taen at least yin man tae fork the sheaf ontae a wee platform where Elick stood. Elick hed tae get at least yin mair hand, us boys came in handy for stramping the hay and straw, also when the sheafs were getting far away. The loft hed a sliding door and twae doors so you could fork a cairt load in. Also we built the stacks a certain size so yin stack filled the loft. The threshing mill wis made wae lovely wood, they hed tae cut a hole in the rafters for Elick tae stand up streight. This description is for all the 'laddies' aboot ma age whae helped oot on Elick's ferm in the thirties till the week efter the war, and tae Pop whae could tell mair stories aboot oor yaird. Also the lad Broon hes bought the hoose and yaird and busy modernising it. I dinna blame him but I think the West End hes lost something far mair important than yon heap o stanes at the Toor Knowe. Also it looks as if oor Haggis Ha is gaun the same way. Ask any women or man between say 54 tae 75 odds, and I'll bet they will no argue wae mei that the West End revolved roond the Auld Mans Seat, High Level, Caver's Loanheid and the Moat. Glad that Thorterdykes seems tae be keeping up the Guitterbluids' traditions.

Aboot fower years ago I wis oot a walk, came hame by the Loan, knocked on the lad's door tae ask if it wis aricht tae hev a look roond the back, hei wisna in bit I kent hei wudna mind. By the way hei is a Broon frae Longcroft, so I went and sat on the wa by the midden, used tae be oor favourite bit for a blether. I'm nae sentimentalist bit I must hev sat and wandered roon for abin an oor. Minding the horses, hinds, cows, Billy, Eck, Elick, Granny, Lizzie, dozens o boys that were aye roond Elick, ma dugs, Elick's Pekinese - mind their names, Boy and Minnie. They went everywhere wae him. Boys' faces, sorry tae say as I'm getting aulder names are bad tae mind, but at the end o this I'll try and pit them doon. Onyways this will jog a lot o them tae mind.

I wis gaun tae ask Etta, Pop and Jenny aboot thae times, but it's ma ain memories, later on I micht speir facts off them. Also I've got some info off Eck which I'm keeping. There must be folk in the West End whae can mind ither things, get them doon. Suppose I'm special seeing I worked for Alex.   Bert Black wis hind when I sterted in 1941, hei taen ower frae

Eck, his wife Dora milked the cows. They bided opposite where Pop is now. Dora's mother bided wae them, nae family. Hei hed a guid pair, Kate and Bob. Afore Cavers got Bob hei hed an auld mare called Daisy, which I drove a lot except when Bert needed her for drilling. Billy hed the tractor in Jock Patterson's time, 1937. Elick hed bought a richt auld Fordson, but now hei bought an up tae date yin afore the war, twae I think, cos Harold Broon, heid mechanic wae S.M.T, and Alex Finnie, whae couldna hev been that auld, and whae worked for Tammy Horne, whae hed a workshop ahint Brydon's and the pub. Baith built a guid yin oot the pairts, can mind that weel so it micht hev been 1940-41. I wisna worried aboot ony tractors, I hed a horse tae work wae, Daisy, nae odd-boy forgets his first horse. I hed her for ower a year, taught mei a lot, I hed driven her in the cairt at school holidays and harvest time in the fields. As it wis spring I helped Elick wae the lambing, forbye every morning and nicht I hed the twae biers tae muck oot and wash doon. Summer wisna sae bad regards feeding though, cos Dora insisted the cows be mucked oot afore she milked. Folk afore her didna. I hed tae be up and roond tae hev them mucked oot and fed wae cattle cake afore 6.30 a.m. I went hame for ma breakfast, half-oor, came back and spoke tae Billy tae sei what wis on. Efter Dora wis finished I hed tae barrow the milk cans tae the gate where Rob Forrest picked them up and taen them tae the store dairy. Rob went roond all the wee dairy ferms. Dora used tae make a fool o mei struggling wae ten gall churns, I wis gie wee. She never offered tae help. Billy if hei wis there did. Elick couldna get a laddie tae take the cows up in the morning so I hed tae. Various boys broucht them doon at nicht. If I hed time in the morning I came back doon, cleaned ony muck oot the grip, bedded the stalls and pit hay in. Hay sometimes mixed wae oat straw, cake or bran mash in their troughs. Saved mei at nichts. Dora objected, telt Elick cows wudna stand still, for yince hei didna listen tae her. Billy, whae done the cows afore mei, telt mei hei hed some hellava rows wae her and Bert ower the cows. She wis nice tae mei in the end. Billy done the heavy work wae the tractor, ploughing, cultivating - we hed a 5 tooth heavy yin. Also discs pulled the hay mower and binder. Nae guid implements then for ridgeing or drilling so we still needed a pair. I wis aye jealous o Bert, worse when he got Bob. Spring wis a guid time tae stert, lot o work for a single horse.

For they folk whae didna ken Loanheid ferm it was like nae ordinary ferm. First it hed a chip shop so we hed tae grow a large acreage o tatties, 20 tae 25. Ither ferms roond us just grew enough tae feed themselves. Maist fermers allowed workers, twae or threi rows in a field. Second unusual thing, oor ferm hed a vegetable toon run every Tuesday and Thursday morning, so we grew turnips for it. Yince grew cabbages but far ower mony were pinched. Next wis Elick hed a van, in fact hei hed yin afore I kent the place in 1930s. Hei used it for the vegetable run, lifting tatties frae the far away fields. Went tae Carlisle for carrots, brussels, etc. Sometimes at Hawick Market bought young pigs and taen them tae Carlisle, selt them and brought carrots, etc. back. Yin mair thing, Elick's mother selt milk frae the hoose, the last woman that I kent daeing that, folk taen their jugs. Anither unusual thing wis we hardly ever seen Elick till afore dennertime, due pairtly tae Lizzie whae worked very late at nichts in the chip shop and whae needed a long lie, and hei wis famous for gaun wandering or driving aboot till late on, an awfy man tae hev boys helping him then sending them intae Lizzie's for a poke o chips. There wis a West End ditty aboot that but kinda dirty yin!

All grund hei hed wis rented off the Duke o Buccleuch, rough guess 90 acres. As the war went on grass parks belonging to St. Leonards were ploughed up. Elick got maist, Co-op Store some and Pilmuir. Bet there's no mony folk kent the Co-op fermed during the war. They also hed twae fields aback o the Walled Gairdens. Mind their hind's name, Georgie Haliburton, whae could lift a plough himsel intae a cairt.

Back tae Daisy, I kept a wooden box tae stand on when I harnessed her. If you tugged her forelock she bent her heid doon for her collar, she wis a guid yin. Daisy hed a bad leg aye rinning wae fluid, washed it wae warm water every nicht and dusted it wae a yellow powder. She hed yin bad habit that gave me a red face. Auld Man's Seat wis hellish tae pass, when emptying the midden it wis a sair job for Daisy, steep slope ontae the road, then a steep pull till yea got level wae they auld buggers. Her bad habit wis she aye coughed when pulling but every cough wis followed by the loudest fart you ever heard, it wis worse if some o the mill lassies were gaun aboot. Blamed mei for farting, used tae keep ma heid doon tae hide ma face. In 1941 there werna mony Irishmen tae dae the singling, Elick hed men frae the railway and the Coonty Coonsil tae dae them, also ex-ferm workers, maist road men and a lot o surface workers were ex-ferm workers. They singled at nicht and weekends. Mind the first time I wis sent tae scrape drills for them on a Saturday so they could work ower the weekend. Birdie Hogg wis in charge, well hei struck the bargain, sae much a yaird, hei came ower and asked if I could take a wee bit mair off the dreel. Billy hed warned mei they wad try this. I did and later they came and telt mei I hed made a far better job than Bert, it wisna mei it wis Daisy, she never put a hoof wrong. Mind yea it wis a gie fycky job scraping young turnips, yea hed tae wait till they were 'braided' intae broad leaf, even then yea could cover them wae soil. I liked scraping, hauding the stilts and pretending I wis ploughing wae a pair.

A wee word aboot oor hind Bert, I kent Elick and him were aye heving rows even afore I sterted. Billy warned me tae, pitting it mildly, Bert liked taking things easy. The standstill order came in, nae ferm worker could leave the ferm even tae move tae anither yin though fermers were allowed tae sack them. Bert telt mei Elick wouldna get rid o him cause hei wudna get onybody tae milk the cows and he played on that.

Twae stories - Pop I'm sure can vouch for this as he wis on shifts and Billy, Bert, Pop and mei were singling butts in Haggis Ha field back o the piggery sheds. Now Bert, unless we were working at Hilliesland never carried his efternoon piece, Dora or his mother brought it. This day I mind wis a hot yin and when Bert finished his piece hei lay doon for a sleep and his wife and mother taen up the paidles (paidles were hows) and done his work. Efter hei got sacked I hed the horse for a wee while, taen is ages tae break them oot the habit o stopping at each end rig. Bert filled his pipe and smoked it every roond.

Dora wis still hard on mei, making ma job awkward. Then yin week she sterted tae be nice, it wis grand till Billy telt mei why. Bert hed telt him Dora wis gaun for a long weekend somewhere, fund oot I could milk so she wis gaun tae ask mei tae milk them for her. Hed the greatest pleasure telling her whit she could dae wae the cows, rotten wasn't I, didna care. Bert wis left tae milk them. Hei gave mei 5/- for helping him. Hinds' wages would be roond £2? rent free, milk and tatties. Holidays started tae be paid, 50 tae 52 hours a week. Herds and dairymen got extra, nae extra for feeding stock and horses at weekends or days off.

Bert's mother wis a nice auld bodie, hed been a bondager when young, tae her faither. A wee story, she hed a muckle tam cat, and it wis aye shitting in the corn and troughs, if yea hed put their feed in afore they came in, then yea hed tae scrub them oot. Billy and mei threatened tae droon the bugger, sick o it. We came in yin nicht and Pop telt us yon cat will no shit ony mair - "I've drooned it in the trough and buried it in the midden". Pop hed his back tae the midden and couldna understand why we were killing oorselves laughing. The cat hed got oot the seck and wis crawling oot the midden. Mind Pop did cure it o coming roond the yaird. Mrs Black couldna understand why it wouldna. Pop worked on the railway before he wis cried up. Helped us oot often when we were busy, I can mind Pop crashing his bike, bottom o the Howegate.

Elick got rid o Daisy early on, went tae the Knackers, nae sentiment yon days. Then he bought Bob. I can pit him doon as a West Ender, men ma age and younger mind o him, but maistly the hunners o boys that came aboot the ferm frae 1939 tae the end o the war. Gie often a guid blether will stert wae some yin saying "Mind o Bob and Nell" (Nell wis ma collie, mair aboot her later). Aboot this time Bert and Elick were having constant rows. Twae bad yins, first Bert wis aye complaining that Billy wis daeing all the ploughing, which was true, wae the tractor. Elick gave him the top wee field ahint the Vertish wood, aboot 4 tae 5 acres. Bert wis there for days on end. Yin day he lowsed before denner time, Billy and mei were at Haggis Ha, Elick arrived, we could hear them rowing, then Cavers came ower tae Billy, telt him tae gaun up and finish the field after denner. Billy did, came doon tae mei laughing his head off. Bert hed left 10 tae 12 yards at yin end and nane at the ither, nae mair ploughing for Bert. The final row wis in the 'Changefield', so called I wis telt because that's where they kept the change o horses for the stagecoach, the co-op hed a field up the Wellogate for the same reason, still called the 'Store field'. Onyways Elick used tae get the sewerage sludge for the gress fields, they days it wis mixed wae ashes, the toon dumped it intae a midden in the field. It lay for ower a year then we led it oot wae the horse and hotted it, can still mind the distance, 5 yairds each way. Bert and mei were sent tae spread it. Bert wisna pleased, thocht a hind shouldna be spreading. By this I hed got fly tae Bert and done the field ower the fence, cut this short. Elick landed afore denner time as usual, seen I hed done a lot mair than Bert. The row ended wae Bert thrawing the grape at Cavers and wae Elick thrawing his jacket off. It never came tae blows, but that wis the end o Bert at Loanheid.

Bert died aboot fower years ago, 1989/1990, a guid age. I used tae gaun and sei him in Deanfield. I liked Bert, got on wee wae him, used tae gie mei shots at drilling while he filled his pipe - maybe he hed the richt attitude. Elick hed a bad name amung ferm workers, his worst fault wis landing afore lowsing time, hei would work like hell then bugger off. Mind it wis a queer ferm tae come tae, we hed sterted the pigs by then. Elick and auld Jock Thorburn went for the swill at first and the usual half dozen boys, seven cows tae milk, etc.

Even frae early on Elick Cavers wis mair o a dealer than a fermer, like a lot o fermers. The war came at the richt time. Yin example, fermers were given £10 per acre tae encourage them tae grow mair tatties. Hei wis already growing a lot compared tae ither fermers roond Hawick. They got very cheap paraffin for their tractors and a subsidy for aboot everything. It wis aboot this time we got Saturday efternoon off, 1 p.m. finish, still hed yer stock tae feed. Yin queer rule, yea wis no supposed tae be ony mair nearer the stable than sae mony 100 yards. Didna affect us, we were aye late.

Aboot this time Billy stopped playing rugby for High School F.P. I never played. Billy wis Elick's nephew, five years aulder than mei, great hand wae ferm machinery, didna like stock but gave mei a hand when pushed. I loved working amung stock so we were a guid team. Elick wis clever at making money, no very fussy how, but looking back Billy and mei were the backbone o the ferm. This wis when Elick pulled a fast yin on mei, hei hed advertised for a man. Naebody came. The standstill order wis on. I'm wrong, there wis a fella came, a wee short broad fella but jist tae be dairyman, canna mind his name, Bud? Onyways hei didna last long as he wouldna gaun oot tae the fields. I wis daeing the pair till he got a man. Elick asked mei tae milk the cows meantime, and I can mind the thrill when he said yea can hev the pair, Bob and Kate tae masel, if nae hind came. My! How green I must hev been, fund oot much later hei hed stopped hunting for a hind, kent I wud jump at the chance o a pair, 16 years auld I wis. Also hei hed nae intention o keeping the pair on ower long, but never let on tae us.

While Bert wis here we converted and built sheds for the ever increasing number o pigs at Haggis Ha. Elick hed bought yin or twae cars at the stert o the war, they were stored up on bricks and sheeted in the end shed. Hei also bought a Ford Popular, fitted a wee trailer tae it so hei could get petrol coupons. Nearly every Monday went tae Gorgie Market and bought shott pigs. Half grown yins that could gaun ontae swill richt away.

Stobs camp grew fast and Cavers hed the major contract, twae main cook hooses, an officer and Sergeants yin, Barry o Berryfell hed some. We hed all the Army swill in Hawick, pit doon them later.

Billy and mei that year also went tae the White Fathers at St. Boswells where Elick hed bought an upricht boiler, the law hed been changed, nae raw swill tae be fed tae pigs. Ower the year oor pig herd went up from 60 tae 80. Elick wis buying 10 tae 20 pigs every visit tae Gorgie. Mind hei only bought the best, changed days, and we wud send aboot the same amount every Monday morning tae the fat stock market. Mind the first lorry contractor were the Whellans brithers frae the Dean. Their faither came sometimes. They were also timber merchants in a sma way, Wattie Hogg cut wood for them for years.

Efter them Tony Anderston frae Binster done it till we stopped the pigs, mind Jimmy Dobie hed a wee dug, it wis handy when loading the pigs, nipped them. Now ony pig-man wull tell you pigs are the worst, maist stubborn, but no stupid, ferm animal tae load. Yea hev hed tae work wae them tae find oot how awkward the buggers could be. Now ony men that were boys then, knocking aboot the ferm, will mind o the grand smell o the swill cooking. We hed cast iron baths, led the steam pipes intae them, and when we were boiling tatties Cavers bought all the wee tatties at the Market, also yin o us went roond ferms tae collect them. Stobs could leave yea hingin wae troop movements, the boys used tae hev auld forks or a knife and spear and peel the boiled tatties, hed a packet o salt on the boiler. Forgot tae say yea couldna hit pigs when loading, it merked the flesh efter they were killed - onyways it didna dae ony guid.

A story aboot pigs - as I've telt yea Cavers bought them in Gorgie Market, the seller hed tae load them ontae the train. Elick said they got cabbages and kail there. Onyways it wis aye next morning afore I collected them frae Mansfield Bank. So, for them, it could be a long time penned up. We were making a trailer wae sides but Elick telt mei tae collect them and drive them tae Haggis Ha. Billy and him were tae help. The roads I taen were ower the traffic lichts, alang Commercial, Sandbed, Howegate, the Square then the Loan tae Haggis Ha. Elick and Billy weired them ower the crossroads then went on wae the van. I hed Tib and Nell, she wis very young then, also some boys. Must hev been the holidays. It disna take much imagination tae pictur the job we hed. There were twae bad bits, yin afore yea come tae Elliot's Yaird. There wis a grass area, then the same richt alang Rosebank Road. Elick got a lot o serious complaints frae folk but they couldna stop us as long as we stuck tae that route. Thank the Lord I didna dae the drive for long. Mind yince Billy gave mei a hand ower the lichts then somebody wis tae help mei through the Sandbed as Billy hed tae gaun somewhere. The bodie never turned up but I mind I hed nae bother through the toon, men and boys guarded openings and closes for mei. Hawick folk were used tae seeing sheep and cattle gaun through the streets, later on we hed the trailer and sometimes the lorry frae Tony. A tale end tae this - it's funny whit turns up, Sam McLean, a guid pal, we aye met on the Friday nicht tae play snooker wae Andra, Wullie and George in the Burns Club. Sam is a richt West Ender, whit tales hei could tell aboot the 'Dugs'. It wis 7 or 8 years ago Sam hed been blethering wae some o the younger men, and as usual, the 'Dugs' came up, then the West End and Loanheid and the lambs gaun tae the Sale. Sam said hei wis aboot sure I hed drove pigs through the toon, hei wisna believed but when I came in I verified it was true. Then again, as usual, other folk were drawn in tae the blethering, twae ex-railway workers stepped in and said they could mind o us collecting them frae Mansfield Bank.

In the Y.M. yin day Jock Campbell, ex-engine driver, brought it up. Also Dod Scott, engine driver (mair aboot Dod later), telt mei that hei heard o this laddie collecting pigs. The men on the bank were guid, put up flake gates tae weir them and gave us a hand ontae Mansfield Road. The men,

Dod said, got a guid laugh wae mei "fower feet bugger all and swearing like a mule driver". I wouldna try it nowadays. Can mind when we drove cattle. We aye did it on a Sunday morning if we could. I div wander ower the place wae this, but it's great fun for mei, and I hope for yea young yins.

I only hed the pair, Kate and Bob, for a season or less, Elick, efter the corn and tatties, etc. were in, selt Kate tae Tammy Chisholm, a tattie merchant. His place was ahint the Bridge Street Post Office. The horse driver wis Davie Crozier whae wis hind at Loanheid in the early thirties. She went tae a great place, used tae sei her on the street, fair sleekit, harness gleaming. She worked there till a guid age.

Efter Elick taen a bad back Billy and I went for the swill tae Stobs, also we hed fower or five army billets in Hawick forbye. I taen ower when Billy wis busy, drove under age but there werna ony driving tests during the war so I drove on the tractor licence till I wis auld enough tae get ma full yin. I then done the swill wae a hand frae onybody that wis handy. I think nearly every boy in the West End at yin time or anither can say they hev been tae Stobs. Elick bought an up tae date barrow so yin man could collect the swill. We used 40 gallon petrol drums tae collect the swill. Hed tae scoor it every day, the army painted them white. I'm sure yin ither reason that Elick stopped gaun for the swill (he went aye at nicht wae Jock) wis the pigs kent the soond o the van, sterted their squealing as the van turned the corner. If yea can imagine 50 tae 80 odd pigs squealing at the top o their voices then nae wonder there were complaints frae Burnflat Brae hooses, also the black oot wis in force. Yin thing I did find oot, they bluidy pigs kent the time better than mei and ower the years I fund oot they were also bluidy clever, bad tae fool and stubborn. I've telt yea aboot them coming frae Gorgie Market, aye frae different breeders.

Now I'm gaun tae tell you aboot them that a lot o folk disna ken. Thank God Pop is still living, or folk would call mei a liar! Elick now and again would buy a bit lot, ower fifteen pigs tae toonty, so when they come off the lorry yea hed tae split them up intae different pens. Efter they were fed and bedded that's when the fun sterted. Say we hed put fower in tae fill a pen the original pigs would stert rinning roond and roond the pen, led by the boss pig barking and whoofing!, aye they barked!, until yin pig went doon, then the rest worried it like a pack o hyenas. Oor only wae tae prevent this wis wae a long leather covered switch. Billy and mei wud parade up and doon and soon as we saw this mad rinning sterting, yin o us hed tae jump in quick, spot the heid pig and bring the stick hard on the very tip o its nose. Yea hed tae be gie smert cause a pig's bite is the worst bite o ony ferm animal. They hev jaws o steel. We hed a short roond steel bar tae haud their mooth open when dozing them and it wis covered wae teeth merks. Mind yince we thocht they were o.k. but when I came up, here's yin nearly worried tae death next morning. I managed tae get it oot, it hed a huge hole in its side, plus bites everywhere. It recovered but never grew, run aboot Haggis Ha sheds for ages, never tried tae rin away, came tae be a richt pet.

There is a magic story aboot this pig. Billy and his brothers Pop, Jock, also some o his mates and mei were in it. I'll never finish this if I keep pitting stories in. Onyways I'll ask Pop aboot names, micht pit it doon later. It wis yin o the best laughs we hed. I ken whit I'll dae. I'll try and pit doon a year's work on Loanheid, bear in mind what I telt you aboot oor ferm, chip shop, shop run, pigs, etc.

You will also hev noticed how Pop's name is mentioned. By the way his name is Aleck or Alex. I think Pop worked on the railway so he helped us oot at busy times, except when hei fell oot wae his Uncle Elick which wis gie often.

NOVEMBER 1943 TO 1944. A YEAR ON LOANHEID FERM

By the end o November, hopefully we hed the harvest stacked, tatties and turnips happed up in the pits - wrong, jist turnips. Tell yea aboot storing oor tatties after. Tups wud be ontae the blue keel, red for early April, blue for later on. That wis the hectic time past so we settled doon tae routine winter's work. December, January, February, maistly taen up wae cairting muck frae the pigs, horses and cows intae a midden tae lie for use in the spring. Oor place, being in the toon, wis also surrounded by allotments and gairdens, some Ramsay Road hooses hed big back gairdens, Elick hed anither way o making money, supplying muck tae them, which I done wae the horse till we got rubber tyres for the tractor. The first rubber tyres Billy got were solid large bus tyres. Yea burned a new tread in them when they were getting bare. The big drawback, being wee, wis the tractor only done 6 tae 7 m.p.h. Front tyres were off a van, nearly end of the war before we got proper tractor tyres. Forbes Nursery taen a huge number o cairt loads. Horse wis handy for them as I could get roond their narrow paths tae various beds and plots. It wis a huge place. Billy would try and get the corn and barley field ploughed. I pit sheep on them tae eat up onything that wis left efter the leading in, then we sterted tae build tractor trailers as you couldna buy new yins. Some fermers fixed a draw bar tae their cairts. Elick selt quite a few, we even made a tipper oot a scaffie lorry's body. Hedges were cut, drains cleared. Mind we built an implement shed, also the Sanitary made us install a double cess-pit tae carry pish frae the pigs. I, and Wull Bev, dug the huge double hole, Elick hed tae get brickies tae build them, as by now the rules were getting strongly enforced. Also Elick's friend hed now retired. The winter of 1941-42 brought in the rule that pig pens had tae be all concrete and as ours lay on sleeper made beds we renewed them that winter. Cairted gravel frae the cobble. Bert, Billy and mei done the work, wae Elick in charge. Aye! I ken I keep gaun back! canna help it.

I mentioned cutting hedges. Sam Corbett's faither used tae dae them, so did a Mr Haliburton whaes son drove for the Co-op during the war. I canna mind o hen hooses getting built by Elick's brother but the templates was still in the corn loft when I left.

Ower the winter and richt intae spring, forbye oor twice weekly shop run which I wis now doing, we bagged turnips oot the pits for the Co-op, Wood Omerod and Andersons, loaded by hand though turnips were only 4 stone. The pig herd wis now aboot its largest - 80 odd - sometimes twice a day tae Stobs as it wis also growing larger. Normally ferm workers worked a shorter day in the winter months. Not us, as we hed electric lichts at Loanheid, nane at Haggis Ha. We riddled tatties, grund corn, threshed, chipped and bundled sticks for sale in the shop till it wis daylicht. It wis the end o this year 1943-44 Cavers got one o the few new Fords on the go. I think I mentioned we hed a huge acreage now, fields all roond Hawick. My day, as I've said, sterted wae the milking, fed Bob first. Cows and Bob were in for the winter, usual mucking oot, hosing doon the walls, cleaning cooler and pails, I hed a wee electric boiler. Fed the cows, hay cattle cake mixed wae bruised corn, went hame for ma main breakfast. On return made the straw bedding for the cows, forgot to say I hed twae tae fower heifer calves, used Kate's empty stall. Auld Tib slept there tae, Nell bided wae us. Cut turnips in the hand ca'd cutter for the cows at denner time, hard job for wee mei. Cavers wouldna fix it for tae be electric driven.

Billy and mei arranged the work unless Elick hed left instructions in the milk hoose. Twice a week I cut fresh kail and brought it doon wae Bob for the cows. Efter this I got the dugs and walked tae Haggis Ha, checked the pigs were o.k., then tae the sheep. We hed aboot threi score, breeding ewes, grey faces, gimmers, tups and aboot a score o feeding lambs and 8 tae 10 cattle that were wintered ootside though we hed an open fronted shed for a bield for them. Ewes were fed on bruised corn wae locust and sheep nuts, best hay intae moveable hecks, cattle were fed on oat straw and turnips. Also barley straw wae hay mixed in, barley straw wis maistly used for bedding. Pigs were bedded twice a week, they went daft when yea bedded them, guid fun when I hed time tae watch them. We never hed dirty pigs, they are the cleanest animal in a pen but when ootside the muckiest yin. Sheep were checked twice a day and tups earlier on hed tae be keeled on their chest. Sometimes a stack wis led intae the yaird tae be threshed, taen twae o us for that. Maist o the winter Billy worked on the grund, though when the weather wis bad he helped wae the pigs and stock. In winter time my day wis filled wae collecting feed, mixing feed and feeding.

There wis aye plenty odd jobs tae day. Give Elick his due he left the feeding tae mei, never grudged onything in the way o bought feed. Also, in stark comparison tae a lot o ferms, he looked efter his implements. Our job on bad days wis tae strip, oil and grease every implement. We built implement sheds and put them away in the order they were tae be used in the spring. Also binders, artificial manure barrows, seed barrows, etc., hed tarpaulins and when we hed tae leave them in the field we covered them. He hated tae sei even drill ploughs, ploughs and cultivators lying oot. Can mind when finished for the season wae ploos we white washed the moulds so when you came tae use them again, yin roond and the mould wis shining like new.

Elick's back by now wis bad, he wore a brace, he riddled tatties, fed the mill, helped mei wae the lambing and usually lifted the swill in the Toons' billets wae a hunner boys helping him. He also rucked the hay till I taen ower. Oor milk usually went tae Restalrig Dairy, efter the war, tae be made intae cheese.

End of February, stert o March, came the hard work, sterting wae the lifting o the steened turnips, which again we hed mair under acreage than ony ferm oor size. We were still waiting on this new hind coming, Cavers making every excuse under the sun. Steening turnips is never seen now, will explain steening - in the back end, efter we hed shawed all the turnips needed for ower the winter we steened the rest. I taen the horse, later on the tractor, plough, and run a deep furr alongside a row o turnips. Then we pulled twae raws o turnips, laid them side by side in the furr and then I happed them wae the soil on the way back. This method died oot wae the disappearance o the horse. Billy and mei fitted swingle trees tae the tractor, mei hauding and guiding the plough, can mind it nearly killed mei. It wis pure slavery but Cavers wud not give up his steening method. I must admit, even in the hardest winters they came oot the grund in the spring lovely and fresh, very much sought efter by the tattie and vegetable large wholesalers. Tae Billy and mei steening wis the biggest drawback in the spring as Cavers wud not stert lifting them till the last o the pit yins were done, so they landed as the lambing, ploughing and getting grund ready for root crops was on. Efter we lifted them I netted the sheep on tae eat up the wee yins and odds and ends. Netting on yer own wis a hard job, wish I hed an electric fence then. The sheep also helped tae enrich the soil. We worked on a four year cycle. Lea field (grass) ploughed as early as Elick would let Billy and I dae it, and, no like ferms roond us, we taen second early tatties off it, following year corn or barley, then turnips and kail, then sown away wae corn, we hed tattie fields all around Hawick. Corn or barley wis oor first work. Billy usually cross ploughed it as we hed stiff clay soil, then diced it. If we were sowing on lea grund, I, efter Billy, filled in the feerings, sowed across the ploughing wae a broad cast barrow. Bob wis great for this work. Ither grund Billy gave a disc before I sowed it, then he harrowed and cross harrowed. I also sowed the artificial manure wae the horse. Remember there wis nae Ferguson tractor wae its great range o tool bars. I also rolled the field wae Bob, picking up stanes as we went. There were nae hurry tae roll. In fact Elick liked the corn tae be braided first. We never sowed grass seed until the corn wis braided, then it wis chain harrowed wae Billy afore and efter I broadcast it. February, March wis the time o the travelling threshing mill for us, though it wis on the road all winter. Sometimes we hed tae take it early. Elick aye wanted it late, got a better price for it (grain). The best seed corn for us wis called 'Victory', good for bruising and really good feeding straw. Very seldom went doon wae a storm. It wis not until wartime that barley wis grown in oor Sooth West district. Early on in the war Elick hed stacks top o the Wellogate opposite Tammy Maxwell's wee holding - Tammy hed a butcher's shop next tae the Tower Close. The Gov tractor couldna get up the steepest bit at the crossroads so an Agricultural steam roller towed it up, I cairted water for it. Late 1980s the driver wis still living in Jedburgh. Hodgekins or Hoskins, drove a scaffie cart.

TRAVELLING MILL

The custom then when the mill wis in the district wis word tae be sent frae the first ferm tae nearby ferms for men or women tae run it. I'll try and cast ma mind back and set doon how mony it taen. Twae men came wae the mill, tractor man and second man, they pulled a trailer ahint the mill that carried spares, wire netting tae keep the rats frae escaping, paraffin, oil, binder string, etc. Some fermers supplied their ain string. The mill men taen it in turns tae feed the drum and tae check the riddles and straw buncher. We aye got the Gov mills, though afore the war finished there wis yin frae Penton. They were a wild pair, I got ma sex education widened at whit went on roond the back o the soo stack, we often hed Land girls frae Cavers big hoose helping. Back tae the threshing gang - forbye the feeder there wis twae lowsers on top o the mill. Yea fed the feeder turn and turn aboot. Hei stood in a sunken box, being wee I, at first, aye lowsed, hed Elick's special knife. Ither lowsers rither hed a hole in their knife shaft or hed a string tied ontae it. The feeder hed tae trust his lowsers, knives were razor sharp. Yin wae I wis handy wis I could cut carry-fisted, expect that's how I got the job. It wis the sairest job on yer back, aye bent double. The whole operation depended on these threi men, it wis nice tae hear the steady hum o the mill when the mill man could feed a steady stream o cut sheaves. Eck Young, tae mei, wis the best man wae a mill in Scotland, every ferm worker and fermer wud vouch for that. Yin instance o this wis at a threshing at Greenbrae Heids, the ferm belonged tae Mrs Elliot o the Flex, managed by Mr Amos. Andra Richardson and mei were lowsing, Eck done the feeding, tidy sheaves, guid forkers, that wis a must. Onyways we set a record that day. They hed tae pit an extra man on the corn weights. Grieve o Hawick Corn Mill wis cairting it away wae his lorry. Bell wis the name o the lorry driver. Hei bided for years up the Croon Close Lane. Hei also hes a race called efter him at the Moor. The men hed tae weigh the corn, lift the 12 stane bags ontae the cairt and take them tae the lorry which wis standing jist ootside, on the horse and cairt richt away alongside Hilliesland Moss, which richt away went ower bye Kaimend ontae the main road frae Hummelknowes tae Ormiston. I mind o a richt tragedy at Kaimend. George Pringle, the fermer, lost his twins in a barn fire, jist left wae yin lassie - awful. ("I sure wander ower the bluidy place"). Back tae that threshing. The forkers were swearing at us, the corn end men tae. Everybody wis, but it jist made us gaun harder. If ma memory serves mei richt I'm sure Amos wis that pleased he brought drink tae the men when we finally lowsed. Jist Eck, Jimmy Douglas and mei left as far as I ken o that crew, though there wis yin odd boy frae the Flex whae wud hev made twae o mei there. That laddie, I canna mind his first name, his last wis Tamson or Thompson, went doon England, ended up a richt high up policeman. In the 1950s I worked alongside his faither on the Stobs siding tae Whitrope Tunnel as a surface man. Spud wis a great worthy, lost yin eye, bided in Primrose Cottage, they hed a nice daughter tae. Spud's widow bided in Burnfoot for years, mony a cup o tei and a scone off her. (I must get this threshing finished, nae mair gaun wandering). Least number o men at oor gate end wis 12, doon by Kelso, where they built soo stacks. Soo stacks were long, gie like a cottage when weel built.

The mill wis set so yea hed twae stacks each side. Lowsing boards were then propped up. God help the stacker whae hedna left room for them. Mill men kent a lot o swear words. Twae men tae fork the stacks tae us, yin expert built the straw bunch soo stack, Wullie Dixon maistly, frae Crumhaughhill. Straw stack sloped frae the grund tae a guid height taen at least fower men tae pass the bunches along. Twae men at least on the corn spouts, maistly threi when weighing, 12 stane for corn, 16 stane for barley and wheat, though I heard o some places doon country wheat wis 18 stane. Sometimes the bags hed tae be carried past the tractor, roond aboot 10 tae 12 yards, twae o yea then hed a pick shank tae lift it ontae a barrel for a man tae humph it. Later on when I wis aboot 9 stane I taen ma turn (1994, 67 years past I weigh 9st10lb). It wis brutal work, worse if the grund wis soft, also if yea hed tae gaun under the driving belt. Mind o Mr Kilpatrick o Crumhaughhill, later on in life, got his scalp badly torn wae the joint clasp o the belt. The worst job o the threshing wis done by the youngest, sometimes a lassie. It wis taking the chaff away, first mills jist blew it ontae the grund, later on they fitted a bagger, then at the finish it wis burned. The husks, barley-anns were the worst, were doon yer shirt, troosers, in yer bits and hair, stoor wis up yer nose. We used gas goggles for oor een, seen if yea hed been back chatting the men they wud grab you at denner time and stuff yer breeks wae the chaff, nae Y.F. then. Pickle grease on yer balls and pintle if yea hed been richt cheeky. Corn chaff wis fed tae cows but maistly for the hens. Cows were bad for getting them in their een, a stick wae a dab o Archangel tar got it oot.

Maist ferm workers liked threshing days, though hard work, very hard work, it gave us a chance tae hev fun, a guid blether, companionship and gossip. I'll no pit doon the names o the ferms I threshed at but it taen in the area frae Soothfield, Northhoose, Pilmuir, Flex, Kaimend, Ormiston, etc. Never wis up the Borthwick except for Borthaugh Ferm, but when I drove the German P.O.W. and E.V.W. I threshed at ferms all over Hawick, Jedburgh, Kelso, Morebattle, Bonchester, Edgerston, Ancrum, the Lief, etc.

Threshing yoking time wis 8 a.m. If it wis your ferm yea hed the thecking tae take off, bags and weights tae gaun oot, auld door or twae for weights, and the bags tae rest on at the spouts. Must mention the bags - unless the corn wis gaun tae corn mills whae supplied their ain bags, aye guid yins. All fermers hired railway bags, so strong and stiff yea could hardly tie them, murder on yer fingers. We hed a piece break at ten, an hour or half an hour depending on the time o the year for dinner, then a break at threi. Men aye came early. Maist like mei walked, each yin carrying his ain fork, dogs up ahint and each yin kent whit job they wud be daeing. Women also worked on mills, Land girls a lot o time.

FEEDING THE MEN AND CREW

The women hed a big task feeding us - large ferms would kill a lamb, noisy cockerels went intae the soup pot and there were aye hams hinging frae the ceiling. Best wae for mei tae show yea a day at the Flex threshing largest ferm at oor end, sometimes fower days there, also they hed their ain inside mill driven by a large diesel engine. Mrs Fairburn's kitchen, she wis the steward's wife, I can mind fine hams, smell o breid and scones. Yea stepped doon intae it and ben the hoose whit used tae be a byre hed been altered for a sitting room. The kitchen hed huge flagstanes and the Aga cooker wis the sink. Nearly taen up yin wa, rails roond it were aye gleaming, kettles and pots on top, cats a ower the place, an auld retired collie. George Fairbairn wis a big brozy man. I asked him aboot the length o the cottage, hei telt mei that where hei kept his coal and logs used tae be where the orraman or a single hind bided, and if yea looked inside at the roof, you could sei where the thatch hed been. The water for the hoose wis pumped up. Also at the gate wis the auld water wheel for driving the mill. There used tae be a village at the Flex, auld yins said it wis a linin village, naebody could show mei where it was, must hev been doon next tae the Slitrig.

Now I wis a kinda odd laddie tae ferm folk, born in some o the worst slums in Hawick, nae kin folk in ferming and gie wee. This threshing wud take place in the wunter o 1941-42 cos Bert, oor hind, wis still here. Mrs Fairburn aye telt the story o 'Wee Jimmie's' first threshing denner. She and the hinds' wives hed sent oot a great ten-o-clock, hame made scones, girdle yins wae butter and jam and cheese. Denner time the hinds went hame for theirs. The rest o us, efter washing oor hands at the pump (I wonder what happened tae it as it wis decorated wae lovely scroll work) went intae Mrs Fairburn's for oors. It wis the first time I hed seen food laid oot country style. I got a bowl o soup alang wae a shive o hame baked breid. Then, tae mei, a huge plate wis laid doon in front o mei, can mind it hed a blue pattern wae brigs, treis, wee Japs on it. In came the women wae huge ashets, some hed roasted tatties, ithers boiled yins. Ithers held carrots, brussels, turnips and cabbage. Then they brought in twae muckle oval dishes laden wae all kinds o sliced cauld meat. On the huge table were jars o beetroot, chutney, pickles, wee ingins, all hame made. Butter, which I hardly ever hed, again hame churned, cheese, hame baked breid. I can still sei it. Jugs o milk, big broon tei pots, must hev held half a gallon sat on the fender.

Now young yins, pit yersel in yer faither's skin - aye, at hame a got enough tae eat but yer share wis aye served on a plate efter the big yins got theirs. Often ma Ma wis at her wits end tae feed us, so here's mei aboot 6 or 7 stane, sitting amung their huge men, nae room on the table except for ma plate. I'm 67 now and this wis ma first threshing denner and only twae men that I ken o that crew are alive, Eck Young and Jimmy Douglas, also Spud Tamson's son whae wis roond ma age. Efter the dishes were set doon I didna ken whit tae dae, men were helping themselves so I waited kenning whit I wis used tae but Mrs Fairburn, bless her, kenning I came frae the toon, whispered that I wis tae help masel or ask, so I did. Now mind I hed the cows tae feed and muck oot, byres tae hose, calves tae feed etc., then hed tae walk alang the richt away up by the Vertish and Dicks Wood tae get tae the Flex in time. Elick wadna send Bert or Billy as I wis the least needed at hame. The ither ferm workers thocht it wis hellish that I hed beasts tae dae afore I left. Onyways back tae the denner, I did haud back till the men were nearly finished. Next thing that struck mei wis it hed turned awfy quiet. Now amung ferm folk, yince the soup and main course wis by while waiting for tei, etc., wis the time for telling stories, jokes and a blether. I looked up and saw everybody watching mei. I'm sure it wis that auld bugger Eck whae nudged yin man whae passed it on, also I can mind the women were watching frae the kitchen. I looked back doon at ma plate and the whole place burst oot laughin. I wis a gie shy laddie then, wis nearly greetin, didna ken why they were laughin at mei for. Mrs Fairburn saved mei, she telt them off. Later on in life she telt mei she could hardly sei for tears o laughter and sorrow. The cause o the laughter wis while the men were sitting back blethering the wifies waited tae clear the dishes for the pudding. I hed been steadily eating ma way through everything within reach. George, the steward - great man, made it worse by remarking hei hed never seen seven stane doubling itself in half an oor and hei didna think hei hed enough weights tae weigh me on the corn scales. They did weigh mei the sods! Frae that day, what wae ma work, standing up tae their leg pullings, I felt in ma heart a guid warm feeling cos I wis a pairt o yin o the finest set o men yea could find. Fermers and land owners could never join. I looked forret tae the threshings, guid break for mei. No all the ferms fed you as weel as the Flex, some brought pieces, rolls or pies. They were allowed extra for threshings, food coupons I mean, it wasna nice eating them ootside on a cauld wunter's day. Some were jist plain mean, grudging every minute the mill wis stopped, aye pulling their watches oot soon as break time wis up. Hei wisna in charge o time keeping, it wis the feeders job. Onyways we hed hundreds o ways tae slow the work doon, so ony fermer interfering lost on the deal. The wise fermer turned a blind eye tae horse play or a wee extra smoke and left the rinning o the threshing tae the mill men.

Threshing was the stert o ma education, afore I hed ma family, school and West End mates. Now I wis in the adult world where it didna matter whae yea were. Yea were judged on yer work, how yea got on wae ither folk but mainly on how yea handled and looked efter stock. Suppose that seems a funny way tae judge onybody's character. I also fund oot I wis amung men whae hed amazing talents and toons folk called us 'hicks' or 'country yokels'! The so-called hicks could mend watches, write songs and poetry, paint, carve and make crooks, carve wooden bowls, play maist musical instruments. I loved their story telling, a lost art nowadays. Great readers o good books. My small talent wis sketching. Main interest wis tramping oor hills and woods. I hed yin very unusual gift, I could thraw a knife and it wud aye stick point first. Ma main talent or gift wis able tae be in tune wae animals or as the country folk wud say "aye, hei's gie guid wae beasts". Now dinna think threshing stacks wis a glamorous job. It wis a mucky, stoorie, hard eight oors. It wis the company I looked forret tae, fun and leg pulling o us young yins and lassies, ma real sex education sterted there.

By now Billy wud be trying tae get as much plooghin' done as possible. It wis a busy time for mei, usual roond o feeding, shifting sheep nets on turnips. Lambing time wis getting close, bields tae pit up. We kept grey faced ewes - guid mothers, plenty milk, great for mei tae learn on. I kent a guid bit aboot the ewes cos when I wis at school I went wae Elick Cavers as often as I could. Also when I sterted there wis an auld herd Jimmy Jackson, whae wis retired and looked efter a couple o score o ewes at the Crossroad field at the top o the Nipknowes for Wullie and Tammie Turnbull, whae owned the famous High Level Pub. The field wis common land, rented frae the Toon Cooncil.

The Toon hed its ain herd then as the grazing came up for auction every year. The herd looked efter the sheep and cattle except for dipping and ither big jobs. Grazing wis usually let frae April tae November, think it wis called 'rouping'. The first herd I can mind o away back wis Bob Wood, hei bided in the cottage at the ferm. Alie Hislop, whae drove a Co-op milk horse wis in St.Leonard's big hoose. I can only mind vaguely o a dairy there, or maybe yin o the auld yins telt mei. The Jollies bided in the Curling Pond cottage, now sadly gone. They got their water frae a spring ootside. Mrs Jollie is still gaun strong (1994), her ain name wis Featherstane, she hes a fantastic memory. ("Sei how easy it is fir mei tae wander"!) Through Bob and Jimmy I learned a lot aboot herding. They got mei oot o a lot o trouble. I repaid them later on in life when they wanted a wee break, or when they hed a wee dram at a sale by daeing their stock. Also fed Jimmy's when the weather wis bad, or run him up wae Elick's van, dinna suggest hei wis ower auld. Never asked his age but in 1943 must hev been in his seventies.

The war stopped the grazing, fields were pit under the ploo, except the Moor and the rocky fields ahint the Moor. Cavers got ower 50 odd acres,

Co-op store hed yin, Pilmuir tae. The Vertish golf course wis let for grazing. Davie Patterson, sheep dealer got it, can mind trees wae branches stripped off were erected ower the Vertish tae stop Gerry gliders landing. Also the die hard golfers still played among sheep shit and poles. The caddies, well the aulder yins, were still there. Lot o the unemployed joined or were called up, the 'Terries' were first tae gaun. I've aye minded seeing them parading along the High Street. Afore I gaun ony further keep in mind I wis also collecting swill frae Stobs and airmy billets in Hawick every day, plus twice weekly vegetable runs roond the shops. Billy done Stobs, etc. if the weather held him back wae tractor work, baith o us went, also Pop went an odd time, and holidays, weekends, etc. Nearly every laddie whae knocked aboot the ferm went (mair aboot 'Elick's Pests' later on).

I liked working among sheep and beasts, hated milking, never hed a break frae it. Sheep needed plenty patience, nae guid losing yer temper, Elick aye hed useless collies. I hed the knack o walking through them withoot disturbing them ower much, same wae cattle and horses. Pigs! nae bluidy chance, except efter they were fed. Steened turnips cleared, then we were intae a hectic time, casual labour wis nae help, sowing corn and barley, getting grund ready for turnips, tatties, lambing gaun on. We aye tried tae hev turnips and grain crops in by May, tatties richt efter. Forgot tae say we also hed a 12 acre field abin the Wellogate Cemetery. Billy and mei hed a rough time, daylight tae dark. We were on single summer time same as the Toon but some ferms were on double, made it gie awkward gaun frae toon tae ferm. Elick still hedna got a hind, yin or twae useless men whae worked part time for the rent o his hoose. Nae names as I wudna like tae hurt their sons. Wull Bev wis the best o them all, though anither man, whae I canna mind his name the now, his son hes hed a heart transplant, bides at Burnfoot. Pit his name in here 'Rab Douglas'. He wis wae us nearly all through the war, and efter, a remarkable man, full o T.B., a wund wud hev blawn him ower. Aye carried a foul smelling bottle o medicine, but a great worker when he could get oot, hei kent hei hed nae chance o recovery. Towards the end o the war we hed Jock Fisher, worked wae papers as a photographer. All the photos I hev o ferm life then, plus Elick's yins o P.O.W. and us were taen by Jock. He wis invalided oot the airmy. Hei telt mei, years efter, hei wis the only survivor oot o his tank crew and hed tae watch and listen tae his mates dying. Hei came tae us through the hospital tae help him tae recover. Later in life worked wae the Jedburgh paper. Through Jock I met ma lifelong friend, his brother Billy, o Mitchell the Glaziers. Bert wis away, Cavers hed selt Kate, Billy prepared the seed beds, I wae the horse, Bob sowed the seed wae the broad cast barrow which split intae twae halves so yea could get through the gates. Billy happed ahint mei wae the harrows. I liked, if the weather wis guid, spring sowing. Best time wis when I hed the pair in '42. I wis reckoned then tae be the youngest ferm worker tae work a pair.

BIRDS

Elick aboot this time used tae borrow the Co-op's spare horse now and again through Davie Atkinson, whae wis transport manager. By Hell, I hed some gie rough times wae them, they hed never been yoked in oor machinery - murder! Efter the sowing the grund wis rolled, yea picked up the big stanes, dumped them on the grass verge. Think I telt yea aboot peewits' eggs but yin thing I did find oot wae taking eggs wis, and I ken experts will pooh-pooh mei, if I left yin or twae eggs there wis aye some mair next day. I merked the nests wae a stane on end so there wis nae mistake. I saved dozens o eggs frae being crushed, nowadays tractors gaun back and forrit crushing everything. Peewits were for a long time scarce but now on ma walks I sei a lot mair. They hev changed their sites, scaured soil on steep braes and in amung winter sawn barley and wheat. As yea will ken be now I wis a kinda loner when I wis young, still the same walking ower oor Border hills, hate this green square that's covering them, and now there's talk o private forests. Hope I'm gone if that ever comes as I can sei masel ahint bars. Naebody will stop ma walks, naebody. A ferm worker like mei seen things nae bird expert could sei, horses, birds, didna count them as a threat, I kent every wild bird and their habits also their eggs.

If I wis working at St.Leonard's in the spring or summer I carried ma denner and sat for a bield ahint the dyke tae hev it (onybody mind o yon tin flasks that we carried oor tei in, an auld stocking ower it tae keep the tei warm?). That's when yea saw birds at their best, nesting time, seen the bold yins, fly yins and ithers that kept an eye on yea. I aye carried bruised corn for Bob, lowsed him oot and taen him for a drink. I also taen a pail wae mei cos some fields were nearer tae Wulliestruthers and its feeder burn. I aye threw bits o crust for the birds, seagulls were a menace, craws never came near hand, sparrows, hedge yins, chaffinches, all kinds, tits, etc. Must mention that great friend o mine Bob's trick, it wis comical. Hei wud wait till the sma birds got bold enough tae come richt up tae his corn, allow them a few grains and then blaw doon his nose scattering them. Hei played this game till hei wis feenished then let them clean up. OK, I ken I'm daft, but that horse used tae smile when hei din that.

Afore I leave birds, which was and still is ma delight when oot tramping, I'm vexed tae say that young yins are gie ignorant o oor ain birds compared tae oor school days. Ma youngest son, Mick, and his pal were an exception, glad tae pit doon that. Michael kent mair aboot birds than mei, also he was, and is, a great sketcher o them. I can mind I hed a nesting pair o barn owls for years in the Changefield shed where we stored the Vertish hay and feed for the winter. They never heeded mei on ma ain. I hed stored some bits o paling up on the joists and that's where they hed their crude nest. Hed a quiet chuckle when they followed mei, their heids seem tae turn richt roond. I caught mice in the corn cisk, cut them up and laid them on the paling for the owls tae gie their young, when they were bigger they taen bits off a stick when the adults were away. Up by the Moor gaun towards the Allan, curlews, snipe, grouse, weird calls, pheasants roond the edge o soft woods. Flex hed a lot, Wulliestruthers hed ducks and water hens, sometimes a pair o swans hed a nest at the top end, and yin year, I dinna ken why, we hed the lovely oyster catchers. They usually kept tae the Bowmont River at Toon Yetholm. Kestrels seldom came oot the hardwood trees very far, they hed their ain boundaries. Sparrow hawks were common, so were swallows and swifts, Slitrig hed a lot o herons and I kent a great sand bank where kingfishers nested, also sand pips. Craws were the fermers worst pest. Easter holidays I've spent banging tin drums efter the seed wis sown. Yince Cavers got a wee gun that fired blanks. I wis envied by ma mates, swapped shots for fag cairds. Elick stopped mei using it, gaun wae ower mony blanks. Mind yince they nearly cleared twae turnip fields that hed newly been singled, scarted oot the young plants efter wire worms. I hand sowed, wae a sheet, all the fields wae coarse salt tae kill the worm, then again wae the hand sawed rape seed. The worst bits, can mind it worked weel, a richt guid crop o baith.

The carrion (hoodie) craws wis the scavenger, onything deid or dyeing it wis there. Stories aboot it pecking oot een o live sheep and lambs were not true. I never saw ony proof in all ma years in the country. It could hev happened on a hill hirsel but no in bye if the herd wis on his toes, same wae the mackie fly. Yea hed tae herd yer sheep. Gaun tae stop this bit aboot birds, could gaun on for ages, lucky laddie mei.

The main reason I liked the coming of the birds wis the sign that the cauld, wet, freezin' months o winter were mainly ower. Ony snaw that came in the spring wis called a peewit storm. Winter months yea were never dry. I couldna afford proper waterproofs, wellie boots were a must, got extra coupons for them. I used tae stuff hay in them tae try and keep ma feet warm and dry. If they got holed I jist hed tae thole them till I could afford a new pair. I hed a pair of clogs, they were great fir walking on the land, used tae cut the feet oot o auld wellies tae use as leggings. West End folk were guid tae mei, mony a wife wud hand mei a pair o bits, or a raincoat and jerseys, saying their laddie wis called up and hed been sent abroad.

HARD WORK ON THE FERM

Later on, efter the phony war, mony a wife handed claes quietly, mainly at nicht, tae ma Ma, saying Jack or Tam wud hev liked Jimmy tae hev them. I hed sterted tae grow by this time but wis never fussy whit I wore as long as it kept me dry. I often done a bit o trading wi the sodjers for bits and socks, army bits were guid. If yin squad wis leaving they used tae be desperate tae get rid o the 'extras' they hed scrounged, soonds bad but it gave them a wee bit money for stuff they wud hev dumped (that's ma excuse).

Pigs were mucked oot twice a week, we were supposed tae dae it daily but Elick got permission for twice as we bedded them weel. Also they were oor main source o muck. Soonds daft but on cauld wet days mucking oot the pigs wis a pleasure, got warm at the big steam boiler, also got het water frae it tae make tei. Mind yince Elick bought quarter sheets for the horses, waterproof wae a warm fleecy lining, straps ontae the saddle and breeching kept it in place. It wis yin o oor worst wet, sleety winters. Jist yin mair instance o stock being thocht mair important than the men, it wud never have entered his heid tae buy owts for us - all the ferms, guid yins and bad yins thocht the same. Guid job nae ferm workers hev tae gaun through whit I hed tae nowadays. Dinna let onybody kid you on aboot the "guid auld days", folk that spoke like that were in work, or a landlord, millowner, etc. Workers were stramped on, less richts as a pig tae live decently. Could be thrawn oot intae the street on the whim o their bosses, nae protection frae the law. In 1941 this system wis still in force, even got worse when the standstill order came in tae force. You couldna quit, even tae join up, but the fermer could sack you, even then yea hed tae get ontae another ferm somehow. Few folk wud believe that in ma life time you could be jailed for leaving a ferm. Fermers were gliffed that men wud leave for guid paid jobs in the munitions, etc. Tales spoken of by ferm workers in their 60-70s tae mei at threshings made a lasting impression on mei, and I swore I wud aye vote for Labour, guid or bad Government.

Now I ken what you are saying, why the Hell did I join this slavery and stick it oot? Nae easy answer, love o stock which I considered mine not Elick's, a sense o responsibility that wud not let mei neglect ma work, young enough tae forget bad wunters when spring came, working wae a horse, great satisfaction tae sei lambs rinning aboot efter a guid lambing, working wae Billy, but maist of all a sense o belonging tae a breed o men and women that were vanishing, communities disappearing slowly. Billy hed the cauldest job, nae cabs on the early Fordson tractors. At least, maist o the time I could walk ahint the horse tae keep warm.

A wee story aboot the cauld, aye I ken I'm aye minding things but they're true, and I want them doon afore I forget or die. Onyways this is now for ma ain pleasure and I dinna care a bugger if naebody sees it. As I've telt yea we now hed a lot o grund. We were ahint wi the work so Elick bought an auld tractor and ploo for mei tae help Billy. Billy wis ploughing the field ower frae Wulliestruthers, it wis a cauld, wet day and efter I done the stock I used the ither tractor, it sterted tae rain, then sleety snaw wae a freezing wund. Billy waved tae mei that it wis piece time so we taen the tractors ower tae the dykes for a bield. When we hed oor piece we tried tae hev a pish, but we were so cauld we couldna open belts or buttons. Mind we tried tae warm oor hands on the exhaust and the radiator. Nae guid, so we went wi yin tractor tae the top end of the field ahint the Curling pond where Mrs Jolly bided. Mrs Jolly het some water, plus warmed oor hands at the fire and got a cup o tei, we got oor overcoats off and went ootside for a pish but we couldna. Now imagine twae men standing amung trees wae their auld mans hinging oot. Billy sterted tae whustle and fool aboot, ended up nearly killing oorsels wae laughin, yea hed tae ken Billy tae understand how fun loving he was even in the worst circumstances. That sterted yin o oor worst spells o freezing rain, often in the mornings I hed the sheep's wool frozen tae the grund.

Back tae the season's work - efter the seed we went intae getting the grund ready for turnips and kail, oor grund wis maistly clay except Haggis Ha and the Wellogate. Billy often cross ploughed, diced, cultivator and harrows were main tools, often Billy hed the grund ready for drilling when a wet spell wud turn it in tae a hard pan. Bert wis away and I done a lot o drilling that year, 17 years auld, but yince again a man stepped in tae advise mei. The best hind in the Borders, Wullie Dixon o Crumhaughhill Ferm, he showed me how tae set the plough and yoke a pair correctly. Also all the wee tricks that made drilling easier for the horses and mei. Ken, I wis never feared tae ask the aulder men for advice, and maybe cos I came frae the toon they were guid tae mei.

Canna let this pass withoot a wee word aboot Wullie and his wife, except for yin man whae I met when I wis in the woods. They were true Christians, honest, hardworking and the 30 years I kent them I never heard a swear or a bad word against onybody. Dinna think hei wis a 'Holy Moses', hei hed a great sense o humour and enjoyed a laugh. Yea will sei his name and his wife's often in this, it wis him that telt mei I wis a natural stacker at the age o 16, gave mei a few hints. Jean, his wife, wis guid tae mei, also tae ma sister Nessie. Hevna got the gift o words tae describe her, second mother is the highest. The pair o them installed in mei a sense o ma ain importance as a human being, tae stand up for masel when I wis richt, fear nae man, respect tae auld age, and maist important tae gie yer employer a fair day's work, never heeding how bad a yin he is. Also, nae stealing, which I didna stick tae, and nae man could knock on yer door, I didna consider poaching stealing. Jean and Wullie hed nae family but were guid tae various boys. Baith were strong church goers, every Sunday walked the twae miles tae the English kirk (St. Cuthbert's) regardless o the weather. Wullie, except for daeing his horse never worked on a Sunday, even if the hervest wis weeks ahint. His first boss Mr Scott understood, but his second boss Mr Kilpatrick wanted him tae work on Sunday. Jean telt mei that Wullie said in his ain quiet manner that he would not and would leave. Hei wis never asked again. Wullie wud hev been snapped up. Tae sei Wullie ploughing or drilling wis an art. I ken folk wull think I'm havering, but tae sei twae matched Clydesdales, coats shining, wae a man guiding them withoot ony effort is a sicht that hes vanished. I saw a lot o Wullie and Jean as Crumhaughhill bordered wae oor grund. A footnote tae this, I'm no sure o the date but it wis aboot 1950 a wee sma-holding at the bottom o the Nipknowes called Woodend came up for sale, aboot 20 odd acres wae a byre and stable and a nice hoose. Elick wis desperate tae git it, came up at public auction and tae everybody's surprise it wis knocked doon tae Wullie. I heard o a figure ower £2000, I wish I hed been there tae sei the fermers' faces. At last Wullie wis awa frae tied hooses, his ain man at last, what scrimping and saving ower 30 years o married life tae realise their dream. Wullie taen a job on the Vertish golf course and run his holding in his spare time, kept a cow, hens, couple o calves and a few sheep. Hei mowed his hay wae a scythe and I used tae help him, no mony men left that can use a scythe now, Wullie wis an artist wae it. I set mine tae suit ma height and reach wae Wullie's help and I can boast a wee bit now that I wis yin o the best. Jean Dixon wis the wifie whae got mei interested in the auld days, she hed been a bonds woman tae her faither.

In the 19th century fermers wud only hire a hind whose wife or lassie wud work on the ferm. They did the manual jobs, weeding, picking up stanes, singling and shawing turnips, forking at the hay and hervest, also milking. Times they didna get a wage as they were pairt o the hiring. Jean hed a picture o her mother, sister, herself and twae ither bonds women singling beet. Her faither hed contracted for twae women, try and mind what they wore, a poky bonnet tied doon wae a scarf, black or grey skirts tae the top o their bits, a strippet ower skirt, linen blouses and a bleached jute bag made intae an apron. Jean telt mei the new claes, which were given oot the day afore the photo wis taen, were handed back efter. Seemingly the public wis wakening up tae this form o slavery, so they set up this photo. It wis gie daft as Blind Wullie could hev seen the claes were new. Jean's mother hed telt her when her sister wis wee she taen her tae the fields on guid days tae nurse her as she hed tae work sae mony days in the year. In 1990 in a book o auld photos I fund yin o bonds women in Duns wearing much the same claes that Jean hed described. I helped Wullie for years, hei died afore Jean whae kept up their huge gairden. Wish you young yins hed kent her, the salt o the earth the pair o them.

Efter turnips and kail were in we went ontae tattie land. I've telt yea we grew a lot mair than ferms roond aboot but also we grew second earlies for the chip shop, so we were on early tattie planting. Tattie fields were mucked ower the winter, hots were spread afore we ploughed, sometimes we mucked the drills ahint wae the cairts. If we were using a ley field Cavers wud keep the stock on it as long as possible and that meant Billy and mei working long hours tae catch up. He wudna hire the Government tractors tae help us at this time - Government hed a pool o tractors, threshing mills, etc. tae help oot fermers whae hed put extra acres under the ploo. Aboot this time Elick bought an Oxford tool bar tae drill wae the tractor. It worked wae massive double springs, taen aboot a day tae fit it on the Fordson. I wis vexed for Billy, it wis a fiendish implement, twae handles that wis supposed tae lift the moulds oot the grund. They could fly up and how Billy never hed a serious injury I'll never ken. It gie often went ower the heid in the soil, then you could hear Billy swearing for miles. It couldna hap tatties though Billy tried it. It hed iron extension rims for the front wheels tae help but it wis plain tae sei it wis meant for lovely flat tattie grund. Billy managed wae mei drilling the awkward bits tae drill turnip and tattie land. Hei wis yin o the best wae implements, hei also got the tool bar altered wae Horne the engineer.

Early years roond the main tattie growing areas, Kelso, Berwickshire, tatties were planted by hand, maistly by gangs o Irish women. Cavers as far as I can mind, wis the only fermer whae hed a horse tattie planter, he'd bought it at a farm sale years afore, though I can mind planting tatties when I left the school by hand. Maybe it wis broken doon. I will give yea a description o the planter and how Billy and mei fund oot how tae work it, as afore I sterted the hinds hated it. Also yea hed tae follow it wae a pail o seed tae fill in blanks and space them richt, plus it wis a killer on a horse.

Afore I gaun on, Sam Corbett whae read ma original memoirs (1986) telt mei that the planter jist hed yin spout and wis altered at Horne's as it wisna planting properly. Now, as Sam is aulder as mei, this bothered mei as the yin I worked for years hed twae spouts, done twae drills at yince. Kent Sam hed a guid memory and hei knocked aboot Cavers when Billy sterted in 1937 and wis brought up in Haggis Ha cottages. Fund oot we were baith richt. Cavers selt the first planter and bought the yin I worked jist afore the war sterted, it wis a mair up tae date yin, hed the rings on it Sam.

Bert hed used Nell in the planter, she wis very neat in the drills but we still hed tae sort them ahint it, least bit thing and they were all ower the place, mair sae on a sidling (grund sloping sideways). The Fordson tractor wheels wudna fit the drills so I hed a Store spare horse for sowing artificial manure that Billy brocht oot wae the van. Bert planted sae mony drills then half happed them in case o frost. Efter Bert left and Cavers hed selt Nell, Billy drilled wae the Oxford tool bar and though he tried hei couldna split the drills. Can mind the width for tatties then 28 - 30 inches. It wis in the field opposite Bob Wood's cottage that Billy and mei sat doon tae work oot a better and easier way tae plant seed and it wis Billy whae came up wae a simple idea. Drills then were peaked oot as Cavers reckoned that gave mair soil tae hap them, but it made it nearly impossible tae keep the wheels o the planter on top o the drill. I hed tae try and shove it ower on a sidling, also the wheels, which were open bars sunk in and scattered the drill. Billy then tried oot his idea, set the tool bar tae make a shallow vee, aboot fower or five inches deep. First benefit wis it wis easier for Billy wae that hellish tool bar, next benefit wis Billy jist done twae drills. He run the drill side wheels in the last half drill so hei hedna tae worry aboot steering straight. That made it twice as easy for him, also done away wae the merker that hei hed tae follow afore. Billy done a few drills, I sowed the artificial manure and we yoked Bob intae the planter. Now I hed a flat area on which the planter could run and we could use Bob for the same reason. Gaun doon it wis like magic, I hed time tae keep altering the handle tae keep the twae buckets level and the spouts touching the grund. Every seed tattie wis its richt distance, coming back up though better than it was, no sae guid due tae Bob heving a hard pull. Wae the van we hed laid the seed and manure along the top fence oot the way. We aye filled baith happers tae the brim, ower threi cwt they held so we could gaun a full roond. So I now worked oot the least seed I needed tae get doon and up by the steep bits where Billy dropped a bag here and there and that's how we overcome oor trouble wae planting tatties.

Used this method till the best tractor in the world came oot. (The Ferguson which baith drilled, planted and happed the tatties and all yea got wis a sair erse sitting dropping the seed doon the spout every time the bell rung, what a man he was). I still hed tae hap them wae the pair, wis aye borrowing somebody's spare horse but Elick repaid them wae mei, along wae Bob, planted their few acres.

I went roond a lot o ferms wae Bob planting seed. Hei wis the best horse for it, ower 17½ hands. The planter wis a dour machine tae pull. I discovered an extra slide hook on it and it struck mei it wis meant tae be also pulled by a trace horse. Mair aboot Bob later as men ma age and boys whae helped Elick are aye on aboot him. Hei wis a richt West End Worthy, deserves a page tae himsel.

Tattie planting along wae turnip sowing finished roughly in May early June. Round this time I rolled hay fields, also sowed artificial manure on the yins we hedna mucked. The mucked yins Billy chain harrowed early on. Thistles were cut, lambs dozed and their cods and tails cut, messy bloody job, sheep tae dip. Hed tae keep an eye on them cos if they rolled ontae their backs they didna last long, also the time for the mackie fly tae strike. Cows were oot tae grass, clipping landed in the middle o June, dykes mended, grass seed sown, sprayed cattle agin the warble fly, forbye Stobs, the veg. run, milking, etc.

Hay time again we were different frae ither ferms whae jist grew enough for their ain needs. We grew at least twice as much as them cos we supplied nearly all the coal merchants. Traders whae hed a powny or horse, Co-op store whae hed aboot twall horses, plus threi or fower beasts roond at their Wellogate Dairy. We also kept a field up Crumhaughhill for sheep hay that went tae Redfordgreen as the army hed taen ower their grund or maist o it tae train tank crews, etc. W.D. paid for the hay. Must keep in mind there were nae balers then. I hed tae build it loose ontae the lorry. If yea got guid weather hay time wis guid, wet weather it wis the worst crop on the ferm tae hervest. Cavers bought a Bamford horse reaper then got it altered by Telfer the blacksmith so the Fordson could pull it. I was glad as it wis a sair job on a pair o horse on oor steep and awkward grund, also what wae muck and artificial manure we hed heavy crops. We also cut all the rough on the Vertish golf course for sheep hay. Some sma fermers still hand turned the hay but we hed a guid tedder though we did hand turn heavy crops. Then I went ower them wae the horse drawn tedder. It hed 5 fork like airms that tossed the hay high, only drawback wis if it wis windy yea hed tae dae it yin way. Yince it wis ready I yoked the rake and drew the hay intae raws, taen pride in drawing them straight. The idea for raws wis first if it came wet you could kyle them quicker. Kyling wis building mini rucks so the rain run off. Mony a field I've kyled and shook oot. I early on used Kate in the rake as she wis so neat. Bob wis perfect for oor hay sweep called a 'Tumblin Tam'.

Better explain the hay sweep, sin as the hay wis rawed I taen Bob in the sweep which wis a lang beam wae six wooden blades aboot 5 ft lang that travelled along the grund. It hed curved handles wae twae chains frae them tae the end o the beam. They held the hay as the sweep gethered the raws, twae chains on a swivel led frae the beam ends tae the horse, whae walked close tae the hay wund-raw. The knack wis tae make sure the tines didna stick intae the grund as you gethered the hay, then yea taen it ower tae where the ruck wis being built, lifted the handles till the points stuck in the grund and ower it tummeled leaving the hay for the forkers, ontae its curved handles which enabled it tae richt itself.

Later on we got a sweep that fitted on the front o the Fordson. Alex aye built the rucks till his back went then I taen ower. It taen a large gang tae keep a hayfield gaun, twae horsemen, twae forkers, a ruck builder, a man tae dress the ruck doon and pull the loose hay roon the bottom, anither yin tae stert a ruck and rake roond the last built yin. Alex taen that job ower, Cavers if possible hed twae teams rucking. I've seen mei jumping off yin ruck and ontae yin mair than half built. I liked hay time, plenty folk tae hev a joke and laugh wae. Being in the toon we hed nae bother getting casual labour, shift workers frae the mills, railway, bakeries, sodjers, land girls yince. Later on German P.O.W. also, but I wis away by then, displaced E.V.W. frae Wilton Camp. But always boys frae the school. Regulars were Sammy Lauder, Sammy McLean, Tommy Thompson, Rob Duff, the lad Mundell, Billy Broon, Rob Broon, Billy Hunter. Regular men were Jocky Elliot - baker, Tucker Robson - engine driver, Pop of course, Wull Bev., Dod Scott - anither engine driver. Forbye them nearly every man and boy in the West End at yin time or another worked or helped at Caver's ferms. Granny's famous watering can full o tea wis dished oot alang wae pieces aboot 4 p.m. Folk could be interested in a drink that Granny also made on very hot days. She used a milk pail, put oatmeal in it aboot a quarter full alang wae a guid handfu o coarse salt, filled it up wae water, stirred for 10 minutes or so and then taen oot tae the field where we would set it in a trough or a burn and let it settle. You could drink it when you were sweating and never get colic.

This time o the year Billy and mei worked lang, lang hours. Still nae hind or permanent help so stock hed still tae be done. Singling turnips came intae hay time but we didna single except for butts and short drills. Got Irish men an odd time but maistly a team o railway and county men did ours. Yince mair we hed mair swedes than maist ferms, need them tae supply oor shop roond, Andersons, Wood-Omerod and the Co-ops. The gang leader would look over the field then haggle wae Alex for sae much a 100 yards. My job when it wis ower damp for hay wis tae scrape doon tattie and turnip drills tae keep weeds doon. Nae sprays tae kill weeds, great work for Bob and mei, and as I've said mony a shilling I got for scraping closer tae the turnips. Some gangs used the auld chain method, Cavers hed a set for years. Kate wis the best horse for scraping, Bob's feet were ower big.

A word aboot scraping tattie drills. I used the ordinary scraper, 5 teeth, till the shaws were jist showing, then I yoked the saddle harrows, shaped as the name suggests. The teeth were at an angle, eleven on each harrow, done twae drills at a time. The tatties got moved but didna dae them ony herm, kept the drills really clean o weeds. Left them like that for twae or threi days then the heavy scraper again and finished setting them up wae the single horse plough, seen us in wet weather walking the drills hand weeding. Afore I gaun back tae oor hay must mention that Bob Wood, the Toon's Herd, hed a single horse reaper that he used tae cut hay roond Acreknowe Reservoir wae it for his cow, borrowed a horse frae the ferms roond aboot.

Efter we rucked the fields at the top o the Scaur we hed tae pit barbed wire roond the rucks frae midway up as yon buggers knocked them doon. Yin o the drawbacks o being near the toon. Yince we finished rucking we sterted tae bogie the rucks intae the hay shed, the large loft at Loanheid also the Changefield Shed, sheep hay in it. Best hay wis for horses and dairy cows. I hed gie often tae build a stack ootside o the second best hay and like the loft we sprinkled treacle water and spread some coarse salt on each layer. As far as I ken we were the only ferm tae treat hay like that. The stack wis maistly used for ootside wintering cattle. We used a special broad bladed heavy knife wae a large handle tae cut blocks o hay oot the stack, saved the stack frae getting wet, afore we put oor ain in we cairted wae bogies tae oor customers roond Hawick. Description of a bogie - a long, low, flat bottomed twae wheeled cairt wae a wood roller on the front wae twae separate ropes attached. Tae load the rucks you backed the horse till the back edge of the bogie wis up against the ruck, the back edge wis sheathed wae metal. You then tipped the platform up crying on yer horse tae 'buck up', Bob wis guid at that, till the back edge wis 'neath the front o the ruck. It taen a bit o strength tae haud the body up till the edge wis in place, you then taen yin rope roond tae the back o the ruck then the ither roond the opposite side. On each end o the ropes there wis iron cleeks that clipped intae each ither. Then yea went roond tucking the rope intae the bottom o the ruck. Next yea fitted a large handle tae the rachet that wis on the end o the roller, the knack wis tae row the ruck on, leaving nae hay ahint. I wis often glad o a hand tae row the ruck on.

Seeing we selt a lot o rucks Eleck made yin or twae in each field bigger than usual which were weighed at the station. The reason for this was the Co-op usually bought a whole field, on average, efter weighing the rest o the rucks went direct tae the stables. I wis still finding time tae ride ony horse I could lay ma hands on. Yin guid thing aboot taking hay tae the Store, we didna hev tae fork it. Alex wis fly, hei often got us tae slip yin or twae wee rucks frae ither fields. The Store hed aboot 12 horses then, coonting spares, also a field up the Wellogate for them, aye called the 'Store Field'. The man that looked efter them wis called Sandy, canna mind his last name. The last horse drawn milk float was in August 1968. Neil Conaghan wis the driver, also the drivers hed tae groom and feed their ain horses in the finish. An average o 40 tae 50 rucks were needed tae keep them gaun as maist o the horses were in all the year roond.

Efter the Store we hed oor ither customers tae dae - I'll try and mind them. King the coalman opposite Balmoral Bar, we hed tae fork them intae a low loft. Johnnie Fisher where the wee car park is at Gateways, hei hed a powny, selt vegetables, etc., Cranston coal merchant in Earl Street. Sei it's a builder's yaird now, Cranston the tattie merchant behind the Post Office (Kwik-Fits now). Donnely on the Loan, hei wis afore ma time, cairted meat frae the killing hoose tae butchers and did odd jobs. I rode his powny. Anither Cranston also a coal merchant hed his place doon at Mansfield opposite Mutter-Howey's stables aback o Mansfield Glebe Hoose. We didna hev tae fork them, jist couped the rucks off in their yaird. I think I've pit doon aboot the hay field that went tae Redforgreen, Sandy up by the dog track (new pen), hei hed a fruit and vegetable roond, got yin or twae sometimes if hes field didna hev a guid crop. I cut his hay yince or twice for him. There also was Hart the coalman, heid hed a yaird at Lockie's Edge. I never taen ony rucks tae him, afore ma time. There were odd yins here and there that I canna mind o now. Also we needed a lot o hay for the kye, beasts and sheep, a large loft at Loanheid, the hayshed at Haggis Ha, the Changefield at the Vertish. Also I often hed tae build a hay stack ootside. (Changefield, I wis telt, wis named cos they kept the spare horses there for the stage coaches).

Yin thing connected wae driving rucks happened tae mei doon at the Cranston coal yaird opposite Mutter-Howie's stables. It wis an awkward place tae get the bogie intae, yea hed tae back in blind. I hed dumped the last ruck and wis geein' Bob a drink at the trough. It wis getting weel on in the efternin. Mutter drivers were pittin their horses away and passed remarks aboot Bob and my driving as I wis backing the bogie. I kent it wis in fun but when they sterted making a fool o Bob's looks ma temper got the better o mei. Telt them Bob could pull ony o their horse off their feet.

Some said efterwards that I hed described them, their faithers and mithers in nae uncertain terms. Mutter-Howie's horses were kent as amung the best in the Borders. They hed Clydesdales, Shires and yin or twae licht yins, fed on the best, harness wis aye shining, tails and manes aye plaited and maistly driven by ex-hinds. Yin Shire there, which I fund oot later frae its drivers, hed won at horse shows all ower the country and this wis the yin that taen up ma stupid boast. I can mind, even efter a those years, how I wanted tae back oot but ma stubborn streak wouldna let mei, I lowsed Bob oot the bogie, taen the breeching off. Yin big thing against Bob wis hei wis at the grass at this time o year though I aye made sure hei hed his corn even at the weekends whereas the Mutter horses were stabled all year roond. The drivers got twae sets o tracing chains wae twae swingle treis, and hooked them up so the twae horses were aboot seven yairds apart frae a line scuffed in Cranston's yaird, and whichever horse pulled the ithers hind feet ower the line wis the winner. Mind the Shires driver's first name wis Rab, hei drove his horse wae long reins frae the back. I stood at Bob's heid and frae where I stood the Shire's arse looked like a back end o a bus. Rena Jardine's faither whae wis in charge o the transport for Mutter wis there and hei telt his wife aboot it when hei went hame. "A wee smout o a laddie, fower feet naething standing speaking tae his horse, twice his heicht, no even hauding his reins, and when I said go! his face wis a pictur when his horse sterted tae gaun backways. Then hei cried "Haud Bob! Haud Bob!" and we saw something I'll never forget. Yon big black horse never taen its een off the laddie whae sterted tae walk slowly back speaking, coaxing and his horse got lower and lower then I could hev sworn it sterted tae smile. It pulled oor horse steadily ower the line like it wis a powny. This crit o a laddie then hed us all wae a lump in oor throat as hei hugged that black and white heid wae tears rinning doon his dirty face. Efter hei got a hand tae yoke his horse - I'm sure hei hed growen six inches".

There's things that happen tae everybody that sticks in yer memory. I'll never forget when Bob sterted tae gaun back, ma heart nearly broke. I swore efter than, amung men, I would keep ma mooth shut and never again put ony horse or dug intae a contest through temper or pride. It wis a lesson weel learned, but I must admit when ma Bob sterted tae pull the Shire back ma heart nearly burst wae pride. Footnote: In early 1960s Rena's faither recounted this tae mei, hei minded mair o it than mei. Hei wis a grand auld man.

July, late June wis hay time, also clipping time fell aboot then. Like threshing, clipping then wis done wae men frae each ferm, maistly herds, inbye first then ootbye, later on efter the war maistly by contractors. Wartime clippings tae mei, though hard work, were like a holiday. It wis aye mei that went. Cavers grudged sending mei, the reason why wis we didna keep a lot o sheep and he thocht he lost oot the exchange, but hei daurna refuse. Ma first big clipping wis at Mrs Elliot's ferm Northhoose. She also owned the Flex and Greenbraeheids. Northhoose wis maistly hill grund. Ma first job wis rowing fleeces. Yea sterted frae the arse, rowing them as ticht as possible, then twisted the neck wool intae a rope tae tie it, then passed it on tae the packer. Blackfaced fleeces were rowed wae the fleece ootside, ithers ootside in. Onytime yer oot in the country yea can sei twae posts, jist like goal posts. That's where yea hung the pack sheets. The packer prided himself or herself on how mony fleeces they could get in a pack. Usually there wis an auld retired herd whae basted the sheep efter they were clipped. Basting wis pitting the ferms ain brand, usually wae tar. Blackies, forbye basting, would hev marks branded on their horns wae het irons, plus some taen bits oot their ears for their ages, etc. A Lakeland man hes pit the hundreds o different marks intae a book. Blackies and Sooth Country Cheviots are the backbone o oor hill grund. Their ability tae live off heathery hills and withstand wintry conditions make them ideal. I look on in horror now, 1992, at oor hills getting covered wae the creeping, crawling forests, shoving sheep and shepherds oot.

Efter rowing I got ontae catching, next step on the road tae be a clipper. Blackies and Cheviots were gie wild, it wis efter twae seasons afore I got a chance tae clip though I did clip odd yins at hame. Yer chance tae clip came when the herd or herds yea were catching for wanted tae fill his pipe or hev a pish. They aye made sure it wis yin that hadna a guid rise. (a rise is the fine wool between the fleece and the ewe's skin). If the sheep is in poor condition sometimes their wool comes away easily, ither times yea hed tae snip, snip away and at the finish the fleece would hev done for a rug. Also yea hed tae tie them wae binder string. Anither fly move the herds done wis efter yea hed caught and struggled wae a tup hei would offer you a shot. Of course yea jumped at the chance, it wis aye an auld tup and until I fund and learned the pressure points I've seen mei scattering everybody. Whit swearings I've hed. I hed tae learn quickly as I wis only 7 or 8 stone. Jimmy Jackson wis guid tae mei, so wis Johnnie Turnbull, showing mei how tae sharpen shears and haud the sheep the richt way. Yin thing young clippers were never allowed tae dae wis tae clip show tups or shearlings that micht be show tups.   Yince I saw and listened tae a fermer and twae herds spending a lang time picking young tup lambs tae keep. They kent pedigrees o tups and ewes frae ferms 100 miles apart and I wis amazed that though large sums o money wis at stake it did not seem tae bother them, that wis at Tam Scott's, Milsington.

I came tae be an average clipper, wis a guid sharpener, we all hed a leather sheath tae keep oor shears in, kept them oiled and clean. Woe betide a clipper whae nicked a sheep badly. An ointment that wis used for cuts, also bumps, sprains and tae keep the mackie fly away wis called Archangel Tar. The ferm herds hed a hectic time, hed tae gather their hirsels early, or if possible bring them inbye the nicht afore. It wis a great sight tae sei, twae herds wae five or six dugs, early morning sun shining on hundreds o sheep streaming doon the valley, splitting intae dozens o streams as they skirted the heather and gorse. Lucky mei tae hev been a wee pairt o yon.

As I've said Northhoose wis ma first big clipping alang wae the Flex, and it wis there aboot 1944-45 when I wis back that this taen place. I wis still catching but getting mair sheep tae clip. Mind it wis a guid spell o weather, richt warm when we finished fower days clipping Flex and Northhoose afore denner time on a Friday. Mr Amos wis the manager o Mrs Elliot's ferms. Hei bided at Northhoose and hei arranged through the kindness o Mr Elliot for the clipping crew tae gaun tae the Tower Hotel for a drink efter denner time. I kent they aye went every year efter the clippings were feenished but I never went as I hed the cows tae milk at nicht. Telt them I would get dropped off. Onyways I hed nae money, didna smoke or drink then except for a fly pint wae pals. Amos said hei would let Cavers ken. Onyways the men wudna hear o mei no gaun, men that I only met a few times in the year, sales maistly. I can mind gaun intae the Tower wae the men, mei, a laddie frae the slums, accepted by them. Pieces, pies laid on. Amos bought a roond o drinks. Mrs Elliot sent doon a bottle o whisky, scarce then. I jist wanted a glass o beer but I hed tae take a nip seeing I wis in the clipping team. Can mind heving twae but no much efter that. It wis said I sang a song, mei, a very shy laddie. I managed tae climb the Loan and milked the cows. Granny Cavers telt mei I sung all the time, said she hed a richt guid laugh. Hed a gie sair heid next day, put mei off drinking for a long time.

Clipping, hay making, weeding turnips and tatties, singling, cutting thistles, rolling fields, lifting stanes off cornfields were all gaun on at this time o the year. Stock hed tae be looked efter, dipping, checking for mackie fly, feet sorting, castrating lambs which wis a messy job. Tails were cut off tae stop them growing ower lang. Tup lambs cod wis cut wae a very sharp knife and yea gripped the stanes wae yer fingers and drew them oot. I done an odd yin that hed been born late wae ma teeth. I heard some places hed whisky for the herd whae done that, dinna ken if it wis true, ken I didna get ony. Bob Wood and Jimmy Jackson did oors till I taen ower. When done yea coonted the tails tae get an accurate number o lambs. Nowadays it's a simple job, jist slip rubber rings ower the tail and cod. Mind you I think it must be sairer than the auld way for awhile.

Bad weather we made trailers, concreted and built sheds, still hed Stobs and Hawick billets tae gaun tae for the swill, aboot 80 odd pigs by now.

I think it wis aboot this year 1944 that Alex got yin o the first new Fordson tractors. Nae rubber wheels yet, fitted wae spade lugs. We still hed Bob, everybody aboot ma age in the West End kent him, that is the yins that helped us and thinking back that wis every laddie. Yin day I wis blethering wae Donald Lunn, whae now hes a butchers shop, and we got on aboot the auld days at Elick's. Donald used tae gaun wae us for the swill at the school holidays and wis never off the ferm. Also like mei wis daft ower horses. Donald brought up some o the stories aboot Bob and Nell ma collie. I will later on pit Nell's story in but must tell yea aboot Bob.

DRUMLANRIG

ARTISTS IMPRESSION OF TOWER 11th, 12th, CENTURY.

BOB

Bob wis abin 17 hands, a cannier horse never lived. Hei wis that big hei could carry fower boys on his back nae bother. I taught him tae come tae ma whustle when he wis oot at the grass. Drove him at work by word o mooth, hei hed tae pit his head richt doon so I could pit his collar and harness on. That minds mei o Kate's collar, we hed tae get a split yin as she hated the collar shoved ower her heid. Also her collars werna yon high peaked yins I saw doon the English side. I ken nowadays folk wull no believe mei but it's true that Bob hed a sense o humour. Yince when I wis grooming him hei nuzzled ma jersey, done this often, but this time hei gethered a moothfu and lifted mei off ma feet then let mei doon. I hed tae laugh efter giving him a swearing cos hei hed a way o looking at yea sideways innocent like. This came tae be a regular trick o his. I used tae get yin o the laddies that didna ken aboot it tae groom him. They aye jumped at the chance and Bob wud dae his turn. I'll swear blind tae this day hei laughed alang wae us. Bob wis that gentle wae bairns, laddies and young stock, we grew up thegither. I've since then worked and rode dozens o horses, never hed yin like him. It wis uncanny how hei kent ma moods, hated if I wis roosed at him. Every laddie whae knocked aboot Cavers hed a shot on Bob. I could let them take him back tae the stables or up tae the Changefield wae a safety.

Mind yince it wis a Sunday morning. I hed jist came back frae feeding the beasts and sheep at Haggis Ha and wis brushing doon Bob, heard Alex trying tae stert the van, it wis often bad tae stert, and the usual practice wis tae yoke Bob intae it and pull it up the brae then yea run it ower the Loan tae get it gaun. Cavers and Billy were gaun tae sei an auld tractor tae help oot wae sawing seed. The brae oot oor yaird wis hellish steep, jist gaun and hev a keek at it and you'll sei what I mean. I yoked Bob intae the van, Cavers steering it, got it oot the garage and Bob stopped, wudna gaun forret. I cried tae Alex tae check the handbrake wis off, hei says it was. I asked Bob tae gaun on, hei sometimes tried me on. Onyways wae a bit o a scurry hei pit his heid doon and pulled the van ontae the Loan. I lowsed him oot and put him back intae his stall. Alex appeared at the stable door efter bringing the van back up, can mind him jist shaking his heid at Bob. Nae wonder, Cavers hed forgot that Billy and him hed been away the day afore for seed corn and there were 12 bags o seed at 12 stane apiece in the back o the van. Nae wonder Bob hed stopped the first time - what a horse.

As I've said dipping wis a regular job. It helped tae keep the blow fly (we called them mackie flies) and sheep scab. The mackie fly wis a scourge, it laid its eggs in the wool, maistly on sheep's shitey erses, and when they hatched intae maggots ate their way intae the sheep's flesh eating them alive. Cooper's sheep dip wis used at dipping time. The herds hed tae keep a sharp eye for signs that the fly hed struck, miss yin and the puir beast wud be in agony next day. There lay the difference between a guid herd and a bad yin. O aye! there were bad herds, horsemen and stockmen. I read a lot and some writers sicken mei how they portray the ferm servants as we used tae be called. Gaun by them we were all faithful tae oor horses, etc., pit them afore oor families, whit a lot o shite. I've kent o cruel tricks some workers used. The best books are written by folk whae worked on the land in the years' 1900 tae aboot the end o the war, or by some o the new young writers, whae hev speired auld ferm folk and done their hamework and dinna care a damn whae's taes they tread on. Often wish I hed got in contact wae yin cos the history o ferm work roond oor area hes been sadly neglected. I ken maist o the ferm workers whae are now in their late seventies, early eighties, that bide in Hawick. Whit great stories they can tell.

Alex wis supposed tae dae the sheep but by now 1943-44 I wis daeing them. We didna keep mony, aboot 5 tae 6 score o lambing ewes and fower score o gimmers, plus a few odds and ends. Yince the hayfields were cleared Alex, being a bit o a dealer, bought cheap lots o lambs at the sales. This wis a kind o floating flock, here today and gone the morn, a lot o work though. I've hed some red faces wae rubbish hei bought, hei wis well kent for this. I hed tae gaun doon efter milking tae drive them hame. Billy brocht the van as, gie often, there were some peelie-wallie yins that needed a hurl hame.

It wis at yin o these sales that I got ma first collie. I hed been doon wae some o oor ain lambs and efter they were through the ring Alex telt mei tae come back doon efter denner time, late efternin, as hei wis efter some hill lambs tae pit ontae the fog, they were doon in price. I hed Cavers ain collie ca'd Don, nice dug but nearly useless as Alex hed got him cheap. Don spent mair time in the van than working, puir brute, hei taen distemper, it wis rife then. Hed tae shoot him. Alex did buy some Sooth Country Cheviots, best description o them wis that they didna rin but bounced alang like a rubber stotter ba. If I mind richt there were aboot threi tae fower different lots and what a bluidy job that was, hed a couple o boys and a useless dug. There were still a few herds hinging aboot waiting on the Buccleuch opening and amung them wis a weel kent yin, Davie Dixon, a famous international sheepdug trialist and judge, whae worked for Davie Patterson whae wis a big sheep dealer. Bided in yin o them big hooses in Rosebank. I kent Davie Dixon gie weel, used tae gie him a hand tae shift stock for Patterson. Onyways Davie must hev hed some lucky pennies. Also a few drams oot o the flasks that a lot o dealers carried and he sterted tae make fun o mei as I wis jumping fences shouting on the dug and rinning back and forret. Davie wis asking for bids frae the herds as a replacement collie. I wis giving him back as guid as I got. Mind o Davie's funeral, collie men frae a ower the world attended it, biggest yin I ever seen.

Back tae ma dug. Next sale I wis penning my lambs, Davie wis in next pen and shouted if I hed that useless dug yet, I telt him it wisna mine, fine hei kent it wasna. Hei then asked if I wanted tae buy yin. An ootbye herd whae hed seen mei last sale rinning aboot like a daft thing hed mentioned tae Davie efter that hei hed a guid dug for sale which wis getting a bit auld for his hirsel, thocht it wud dae yon laddie fine if Davie wud vouch for mei, which hei did. The only huge snag wis hei wanted a fiver for it which wis a fortune tae mei. Sadly I hed tae turn the offer doon, telt Davie tae thank him for mei.

Later on in the year at the threi day, or wis it fower then, where a huge number o sheep were sold, twae rings gaun all day, I met Davie again.

A wee word aboot the sales - special trains, lorries and drovers brought lambs, etc. frae fer and wide and taen them away. If yer fermer wis selling yea hated tae hear big Jock Elliot the clerk shout "Station" cos it wis the sellers herds   responsibility tae pit them ontae the train at Mansfield Bank. No sae bad if yea got a clear run but if they were shunting oot full yins and there wis a haud up yea hed tae haud yer sheep on the street. Yea brocht them oot at the big gate intae Duke Street, up and across the Station Brig, then doon intae Mansfield Road and up intae the loading bank. Yea can imagine eicht tae ten droves, wae a few yairds between them, folk walking, horse lorries, etc. The worst bit wis the short stretch ower the brig, must admit the railway men done a guid job when shunting. Canna mind o being held up for lang.

Back tae Davie Dixon, hei hed seen Cavers and telt him hei wanted tae sei mei in the 'wee ring' which I did. Telt mei tae come wae him, wudna say what for, went tae the lorry park, opened a lorry door and brought oot a collie on a bit rope, handed the rope tae mei saying "That's yours wee yin". I can bring that scene tae mind like it wis yesterday. The collie bitch looking at mei, Davie tae, the rope in ma hands, kenning I wanted a dug o ma ain wae a ma young heart, but nae wae could I afford it. Davie kent this and his next words were "pay mei when yea can, no matter how lang", but on yin condition he went on, I wis tae tell naebody no even Alex. Now this wis frae a man whae wis kent as a hard yin, a wee bit ower fond o a drink, gie tight where money wis concerned. Cavers when he saw the dug wanted tae ken where I got it - telt a lot lies. Hei did find oot a guid while efter, wisna pleased, thocht Davie should hev let him hev first chance. Alex did not like mei being independent o his dugs, though the law holding ferm workers wis in force then. I think hei seen the dug as a move on ma pairt tae leave him.

Footnote tae this - lang time efter I wis up yin weekend helping Davie and Dunc tae shift beasts and we were heving a cup o tei at Scawmill, a wee place ahint the Dean where Davie and his sisters bided. Davie telt mei that Patterson, Davie and Alex hed fa'en oot ower some deal and that's how Davie wouldna sell the dug tae Alex. I also am sure Patterson hed a big hand in mei getting Tib. I kent him weel, spoke tae him nearly every day when taking the cows tae the fields, his wife wis an awfy nice lass.

I didna ken much aboot collies then, wanted tae try Tib richt away but Davie telt mei tae gaun canny. Tib hed been wae the herd for eight years, hei hed bred her. Mind I wis only 16 then, didna ken her signals, feared in case she run away. Davie telt mei tae keep her locked up during the day for at least a week, feed her at nicht and then only take her oot on a lang rope. Again, as yea will find throughoot this scribble there wis aye somebody tae help and learn mei. This time it wis the toon's herd Bob Wood and a retired herd Jimmy Jackson. Maist folk on ferms, herds' sons, etc. were brocht up amung dugs but here wis mei, a laddie frae the slums wae a dug o his ain. Yin first that I'll never forget wis when I taen Tib tae work the sheep for the first time. The cows that Sunday morning never got milked sae early and quick, and wae Tib on a lead I taen them tae Haggis Ha field then went ontae the Changefield where I hed the ewes. I wis supposed tae let Jimmy ken but I wanted tae be on ma ain. Later on the auld bugger telt mei hei kent I wud gaun masel so hei hed been gaun up Crumhaughhill every Sunday. Hei looked efter Wullie and Tammy Turnbull's sheep. They hed the High Level pub, hei hed stood and watched mei, mindin' o his ain first collie.

Up tae now I hed been feared tae let Tib off the string, kept her on it for mair than twae weeks, taen her tae work every chance I got efter a week, I lay ma jacket doon and tied her next tae it, also shared ma piece wae her. That morning just before I lowsed I can mind being so feared in case she taen off. Memory can be a lovely thing, even now 50 odd years efter I can sei her eyes looking intae ma face waiting for word tae gaun. Some way, dinna ask mei how, I sent her away, God, what a thrill, she jist run roond the auld hedge, richt up by the fence tae the top o the field. I gave a whistle some way and she dropped doon like a stane ahint the sheep. Can mind I hed trouble tae get her tae move but cried "come on" or something. I didna ken her signals but it didna matter. She worked back and forret, nice and steady gethering, I even, through whistling and waving ma airms tae stop and gaun through the fence and gether the wee field, she ended up wae every ewe in front o mei. Now folks mind I wis used tae dugs that Alex bought, hei thocht £2 wis enough for yin, said we hedna enough stock tae justify a guid dog. I very seldom taen his dug, it wis mair bother than it wis worth. That Sunday morning the sheep must hev been pig seek o Tib and mei. I penned them, split them, walked away leaving Tib haudin' them, cut a single ewe oot and catched it. All morning that made life worth living, something even now, I canna pit intae words. Tib gave mei the same feeling as I hed wae Bob. I stopped working Tib tae gie her a rest, then realised this wis like a holiday tae her compared tae rinning miles ower the herd's hirsel (hills). Jimmy telt mei a guid dug wis guid for sheep yince they were used tae it, as a guid yin didna upset them and made them easier tae handle. Tib wis the stert o ma collie breeding. She lived till 1951 though turned blind in 1949. She wis the mother o ma famous Nell, it would take a book tae tell you o Nell.

St. Mary's and St. David's Church 1996. J. McEwan

Photo by G. Boyle

SEASONS WORK AND CASUAL LABOUR

Back tae the seasons work. We, at Loanheid Farm, didna store tatties the same way as ither ferms. They stored them in tattie clamps and I wis lucky enough tae help tae build yin. I will try and pit doon how it wis din. Sorry that's later on in the season.

Efter the sheep sales, which carried on through late summer intae the back end, during this time if the weather hed been kind we hed the fields cleared o rucks. Maist o oor spare time wis taen up wae keeping weeds doon in the tattie and turnip drills, gie often hand weeding. This wis when yea asked for yer holidays. I think I telt yea that when I sterted yea worked till 4 p.m. on a Saturday and only allowed threi days yin half o the year, threi days the ither half, but the fermer hed the last word when you could hev them and the likes o mei and a lot o workers we hed the cows tae milk and beasts tae dae in winter. Speaking tae aulder workers when I sterted in 1941 conditions on ferms were just a form o slavery in their younger days, tied hooses were a chain roond their necks. I've gotten ontae ma high horse - better get on wae this!

This wis aboot the time I sterted tae learn dry stane dyking, mending gaps. I was helped wae advice frae the Duke's dykers. Those days the Duke's men fenced and dyked all his tenants' ferms. Aboot this time wae advice frae Wullie Turnbull o the High Level whae hed the stables at the end o Haggis Ha cottages I wis increasing ma knowledge o blood horses.

Anither job tae be done at this time was preparing cellars at Loanheid and later on in the cottages at Haggis Ha. We lined all the walls wae bunched straw. Oor grund being clayey and cauld meant oor hervest wis aye later than doon by the Kelso area. Lucky if yea got cutting in September. Tatties for us were a lang drawn oot crop as we hed second earlies planted, Cavers hed us lifting them as soon as possible. I hed tae gaun and cut the shaws doon and thraw them tae the side as the horse digger jist choked. Tae stert we gethered them oorselves, jist enough tae keep the chip shop and vegetable roond gaun. When the main crop wis ready roughly 20 tae 25 acres we got school bairns whae were allowed twae weeks off for tattie picking during the war. We also got troops frae Stobs, German P.O.W. students whae were hopeless and as Loanheid wis in the toon casual labour wis used. When German P.O.W. went hame the Wilton Camp wis used tae haud E.V.W. displaced persons whae were fund wandering all over Europe at the end of the war. I wis involved later on in life wae P.O.W. and E.V.W. but that's a story o its ain.

Back tae the tatties, jist a thocht before I do, as yea ken I sterted this is 1984, finished it 1987, re-writing it 1993 and sitting here I can see maist o the fields where I toiled 60 years ago, Hilliesland, Wellogate fields abin the cemetery, Young's Hill, Greenbraeheids, Crawbyres Hill, pairt o the Flex, maist o the Vertish which we cut for hay, threi fields o Haggis Ha, top end o St Leonards and if I gaun ontae the road I can see the Changefields, Crumhaughhill, where we hed yin field and the fields ahint the Golf Hoose. Never changed ower the years except now there is a braw hoose where we hed the piggery, hay shed and the ither sheds all gone, also new private hooses in some o the fields where I worked horses and tractors. Hawick jist keeps on spreading intae the country.

As I've said afore we didna store tatties same way as ither ferms, reason why cos the chip shop needed tatties every day through the winter. I helped in making tattie clamps for Co-op Store at Wulliestruthers and up the back o the park also when I worked on ferms while driving P.O.W. and E.V.W. Clamps if possible were built near hand the gate intae the field where the grieve thochht wis the best place. First hei hed tae estimate how mony tons in the field, which wis done in a rough but amazingly accurate way by digging shaws in different pairts o the field and coonting the big yins. The clamp hed tae be on a wee bit slope, first yea hed tae ploo a strip roughly eight feet wide and a length that wis handy, in big fields yea micht hev threi or fower pits side by side. The soil wis then shovelled oot ontae baith sides and the clamp wis ready for the cairts full o spuds. The cairts, usually twae, went up and doon the grund emptying the wire baskets the pickers used. A word aboot the baskets - when I wis at school in the thirties the baskets were made wae split willows, wonder if it wis the Romany gypsies whae made them? The cairt, when full, dumped the spuds intae the clamp. The grieve and yin man wud shape the clamp intae a triangle shape roughly 5ft high. Bunches o straw were then laid on covered wae the soil thrawn oot frae the bottom making sure yea left a ridge o straw sticking oot the top tae allow the clamp tae breathe. When the field wis lifted yea again put mair soil on the pit, this time by digging a foot wide drain richt roond the clamp tae below the clamps base so ony water run off making sure yea run it tae the lowest point where a channel wis dug oot tae let it rin intae the field. Gie often this wud be done later on in the tattie season as it taen up a bit o time. Yea flattened the soil on the straw weel doon and tried tae make it look tidy and straight for we in the West End hed whit we called Dyke Craws, auld retired ferm workers. They used tae rest their elbows on the dykes or keek ower them and pass sarcastic remarks aboot yer work, auld sods.

We,unlike ither ferms ("God! how often I've said that") tried tae riddle as mony tatties as we could straight off the field. Alex wis in charge o that. By now I wis driving the maist famous van in the West End (all West Enders can tell yea stories aboot it, I drove it lang afore I wis allowed tae, nae driving tests during the war), and it wis used tae uplift the tatties off the field and take them where Alex wis riddling. Oor pickers used pails which they pit the tatties intae bags for mei lifting them. Here's where I hed a famous West End worthy helping mei, Bev Berridge, son o auld Bev whae sat alang wae ma faither on the Summer Seat. Wull Bev and mei got on weel thegither, hei hed a big family and came off a big family. Wis a poacher, went wae Gib Kennedy, a scoundrel, but I could never get roosed wae him, did not like a steady job but wis a great worker when working wae mei. Cavers used him and Robbie Douglas a lot when we were busy. Wull liked fit-rinning the dugs, hei came frae Langholm, brocht up aside o ma Mum when wee. I ken all his bairns whae are married now wae bairns o their ain. Yin wis Cornet, Wull wud hev loved that. Hei wis a real worthy richt up tae his tragic death. Him and mei hed great ploys baith inside and ootside the Saw.

Back tae the auld van, it wis amazing where it wud gaun and the loads it carried. Mind I hed tae keep the pickers gaun wae empty bags, so we used tae pack it full. When now I mind o the steep fields we hed I'm sure if there hed been rallies then or hill climbs I wud hev won them easy. By now we hed the horse digger altered for the Fordson. Later Cavers bought a Ferguson wae the maist up tae date digger. As I've said afore hei wis in front o onybody when it came tae ony implement that wud speed the work, money nae object. Wish hei hed been the same wae paying wages, hed a very bad name which wis justified. The rows and insults I hed when hei came tae pay the school bairns. I've seen and heard 20 tae 30 bairns clamouring ootside his hoose for their tattie money. Got that bad hei wis warned if hei didna mend his ways hei wud get nae mair school bairns.

SODJERS

We used sodjers in the early forties, richt up tae afore Normandy, they could volunteer for hervest and tatties, gave them a break. It wis great for mei and Billy getting rid o the school kids, it wis ower hard work for them. Alex paid the airmy direct but heving a shop could usually manage fags for the sodjers. Maist o the troops came frae the billets in Hawick where I still wis collecting swill. Keep in mind I still hed the dairy cows plus stock. Billy and mei shared the pigs. Alex hed injured his back by now but when we were busy Wull, Pop, Auld Jock Thorburn, Robbie or onybody hei could get a haud o went wae him tae lift the swill, sometimes at nicht.

A wee story aboot the sodjers, Wull and mei, I wis aboot 18, no very big but wis wiry and strong for ma size, learned a knack tae enable mei tae lift heavy weights. Telt yea that corn was 12 stane, barley 16 stane, also artificial manure and slag wis 10 stane. Slag wis the worst as the bags were only the size o sand bags. I wud hev never survived lifting their weights if I hedna been shown an easy way, forbye every morning handled 1cwt (8 stane) tatties that wis for the chip shop. Onyways Wull and mei were cairting tatties frae St Leonards, yon field in front o the Mair gates (car entrance yins), I hed been swearing at some o the sodjers for filling the bags ower full. I wis managing tae lift them intae the van. I didna ken that Wull when laying oot the secks hed boasted tae the sodjers that I could lift aboot 14 stane intae the van which stood aboot 2½ft off the grund. It ended up wae Wull laying bets but the sodjers insisted that I wisna tae ken aboot the bets, so efter emptying that load at Haggis Ha, collecting empty secks we headed back for anither load. Wull's first job every time wis tae lay oot the secks at every stent, the last time hei left a big bran bag at the first stent which the pair o sodjers on the stent hed threiquarters filled. I of course sterted swearing but backed the van tae the bag and using ma knees lifted it intae the van wae a hellava struggle. It's amazing whit yea can dae when roosed. Nae sooner hed I lifted it cheering broke oot. Billy whae wis in the ploy hed telt some o the sodjers that I wud lift it. Wull hed a grin like a Cheshire cat ower his mug as he collected his tanners and shillings. The sodjers whae lost hed nae hard feelings, onyways I kent maist o them gaun roond collecting the swill. A lot o the sodjers billeted in Hawick ended up marrying Hawick lassies. Also I gave a lot o lifts up tae Stobs tae sodjers.

Wull got a permanent job later as a scaffie, but at the end o July Wull jist taen off fer Langholm Common Riding and might no return for a week, but hei wis aye taen back on. Finally Wull and his lang suffering wife pairted, Wull got a wee hoose on the Loan where he died as the result o a fire. I'm no ashamed tae say I hed tears in ma een at his funeral.

BACK TAE THE FERM

Tattie crop wis yin o oor heaviest and hardest, nonstop when yea sterted, but I didna mind cos we hed fun wae the tattie gangs. Ither ferms could lift theirs wae their ain staff wae the help o wives and bairns in oor area. Cavers in the thirties used unemployed men, yin o the advantages o being in the toon, then the school bairns. Billy wis never as glad when they stopped, hei hed the worst job looking efter them and driving the digger. As I've said it wis a sair job picking spuds and the bairns hed various ploys tae slow Billy doon like pitting their pails in the drills so Billy run ower them, kicking soil ower the tatties, hide the secks, but the worst ploy wis moving the stent sticks. Stent poles were used tae measure oot the drill intae equal distances which wis supposed tae gie the bairns time tae lift their stent and hev a wee rest. I've seen Billy in late efternin aboot in tears o rage wae them shifting the sticks. Billy wis over the moon when we got sodjers tae lift the tatties plus efter the sodjers went Wilton Camp wis a German P.O.W. camp, efter them the E.V.W. (European Volunteer Workers). They all worked on the ferms.

Efter tatties were lifted we hed a wee spell tae catch up on odd jobs then intae the maist hated crop fer horse and man, turnips and kail. Hervest time wis also alangside turnips and if we were lucky wae the weather it wis a mair pleasant job. Tups, we aye hed twae, were oot keiled everyday, red for the first spell, blue for the tail enders, helped us at lambing time.

We didna grow as mony acres o corn and barley as Kelso, Jed, Berwick ferms. We were aye ahint them sterting oor hervest. Afore the war corn wis the only cereal grown and in Cavers land which wis cauld and clayey nae barley till the middle o the war, never wis a guid crop on oor ferm. Corn afore the war on Loanheid wis maistly used for feeding horses and stock, very little selt. Efter we got grund at St. Leonards and the Wellogate we more than doubled oor acreage and selt maist, jist kept enough for cattle and sheep. The oat straw wis kept for feeding, often mixed wae hay, barley straw wis maistly used tae bed the pigs and a few beasts that we kept inside, that's where I noticed good barley straw, put doon for beddin, wis often eaten by the beasts afore oat straw in their hecks.

As we hed a lot o pigs we needed a lot o straw, bedded them doon twice and thrice a week. Give a pig plenty straw and he is the cleanest animal on the ferm, we hed special permission to muck them oot jist twice a week instead of every day so we could make muck, hed tae pit in a new double cesspit.

The guid auld fashioned custom o helping oot yer neighbours wis yin o the reasons why I liked hervest time. The ferms we shared wi were the Flex, Pilmuir, Hummelknowes, Kaimend, Crumhaughhill, odd time Soothfield, Co-op Store and yince Ormiston. How it worked wis the ferm whae wis ready tae lead in first we went tae it unless you were cutting yer ain, or if there wis a man tae spare hei went. Soonds complicated but it worked, also if a fermer wis ill or late fer some reason every ferm pitched intae help. That happened tae us yince when Alex hed tae gaun intae hospital. By now oor binder, an Albion, wis fitted up for the tractor. Pulling a binder used tae be the sairest job on a pair o horses. When we used horse we opened up a lane richt roond the field wae the scythe, hand tied the sheafs, made oor ain straw bands. Stooking wis a skilled job, lot depended on it. Eight sheafs tae a stook, pointed North and Sooth tae get the sun. I liked tae stook ahint the binder. Sin as they were fit tae lead they were forked ontae the cairt or trailer. Cairts hed a frame added. We hed a fower wheeled light horse lorry and then taen tae wherever the stacks were being built. Some stacks were built in the field, usually tae be threshed wae the mill. Ithers were cairted tae the ferms stack yairds, threshed wae their ain mill.

Being sma I sterted building loads in the field at a very early age. Hed the knack, it wis a job I liked but a lot depended on the forkers. Cavers often hed toon men, I carried a few prong marks in ma time. I went on tae building stacks even afore Bert left. Bert wudna build them. I never hed ony fear o building stacks, I wis the youngest stacker in the district, stacked at ither ferms also built soo stacks doon the Ancrum, Morebattle and Kelso area when driving P.O.W. When at school I helped at the weekends on the hervest and being wee I done the striddling on the stacks. Striddling needs explained, women used tae dae it in the aulden days. A striddler wis also used on hay and straw stacks, yea stood on the stack yince it got ower high for the forker tae pitch the sheaf tae the far side o the stack, usually when the stack reached the easing. The easing wis where the stalker sterted tae pull the stack in tae form the heid. The striddler used a short fork, hei hed tae stand richt in the middle o the stack, yea darna move aboot as you could affect the building o the stack and yer job wis tae pass the sheaf tae the stacker frae the forker, arse oot. That's how I learned tae stack and I sterted the bottoms while the stacker finished the heid which wis a very important job. Also I led the horse sometimes atween the stooks.

A wee word aboot the bottoms, in the field a wee slope wis best, we stuck a fork in where the middle wis gaun tae be and wae a fork that wis aye used yea put the prongs roond the yin in the middle and haudin the end walked roond merking oot a perfect circle. That way every stack wis the same. Height wis also kept the same wae anither stick aye measuring the top end. Lot o big ferms hed permanent stack yairds at their steeding and some hed iron bottoms aboot a fit off the grund, big roond plates on legs. Ither yins hed stanes laid in a circle whilst I've seen branches laid and covered wae straw. We used straw then yea stooked the sheafs roond and roond so it wis only their erses that touched the grund until yea came tae yer first ootside raw, again making sure the heids were well up. Yea might hev tae pit threi or fower raws on the low side tae make sure yer stack wis dead level. Bad weather could alter the size o yer stack. We yince built the stooks ower the dykes tae dry them, I think that year we never finished hervesting till weel intae December. If bad weather hed laid the crop yea cut yin way leaving the twisted bits tae be done wae the scythe. I did a lot o that. Cavers aye insisted, unless it wis a hellava guid year, on a tripod in the stacks threi poles 10 tae 12 feet high laced wae hemp rope, stopped the stacks middle settling doon and let the air circulate. In a bad season I've built drain pipes intae the stack as sometimes we hed tae build damp sheafs intae it. All these precautions in a bad season wis tae prevent the stack heating. I can mind o a stack yaird (Ormiston) where they hed tae take doon the stacks and rebuild them in January. We saw the heat coming oot them on frosty mornings. A lot o sly digs were made agin the workers on the ferms where that happened though maistly it wis the fermers tae blame. They hed the last word whether the sheafs were fit tae stack.

Anither fault which wis never fund oot till yea threshed wis if the heid o the stack hedna been richt built, in ither words the stacker hedna weel hearted the stack. Hearting the stack wis the maist important pairt o stacking and the maist difficult cos yea were aye building wae yer sheafs on a slope. Yer weel hearted stack wis like a set o steps frae the front tae the middle so that ony rain that got in run doon the sheaf and oot. Keeping the stack flat made stacking a lot easier but let the weather in, so when threshing mill came yea fund nearly all the heid hed grown thegither. The stacker never lived they stacks doon, plus lot o money lost as the corn wis foosted.

Thank God I wis learned the richt way, I never hed a het or frosted stack. High wunds were a bugger when stacking, kept whupping yer raws up plus the erses o the sheafs were toosled up. Thistles and day nettles were the bain o stackers and loaders o cairts, nae poison sprays then. I hed a pair o auld troosers wae canvas stitched ower the knees, can mind the only claething the ferms provided were stacking canvas gloves and they hed tae lest a season. If the forker or striddler belted you on the back o the neck it turned intae a swearing match and an odd time intae a fist fight which I hasten tae add I never did, wis ower wee. The stalker could insist a bad forker be sent oot tae fork in the field, this wis considered a disgrace.

Anither wee story, Wull Tamson whae used tae be in Coliforthill, a stanie ferm that sat on top o a hill up the Stobs Road must be the highest hoose and steeding in oor area. Hei moved tae a guid big ferm, Whitchesters up by Fenwick. The first year they were in I wis sent tae gie them a hand wae the hervest for a few days. Wull wis yin o the best stackers in the district. I hev explained that forking tae a stacker wis an awkward job, yea needed strength of course but maistly skill. Even when yea were forking wae the stacker below you yea hed the tripod in yer road, no sae bad when yea were on top o the load but it wis hard tiring work yince the stack wis abin the easing and Wull wudna hev a striddler on his stacks. Hei wis an auld hard bugger. I wis a proud laddie when Wull pit mei tae fork tae him. (A stack forker wis a step away frae being a stack builder). Wull wis very hard on his ain family. At first I wis kinda feared for him but gie him his due, kenning I wis a toon laddie, hei never held that agin mei. Hei judged folk on their work, no where they came frae, onyways I sterted forking, no bad till we got the stack weel up and I sterted tae git a bit careless. Wull never said owt but when yin o the cairts wis emptied I climbed doon tae pit the ladder up for him I fund a lot o sheafs lying on the grund at the far side. Ony sheaf that hedna landed on the stack the richt way the auld sod hed jist slided them ower the edge and I hed tae fork them back ontae the cairt then ower tae Wull. I never forgot that lesson, expected tae be sent oot tae the field but hei didna. Wull let mei take the bottom o the stacks gie weel up, keeping mei richt. Hei wis yin o the men that drummed intae mei the importance o keeping a stack weel hearted.

A guid weel built stack wis a source o pride. It stood as a monument tae a man's skill. The auld workers could look at a stack in the middle o a stack yaird and tell yea whae built it. When I wis accepted as a stacker I wis only 16 or 17, kent the country hed taen mei in, and never again wis I called "yon laddie frae the toon". Yince, helping Kirkpatrick o Crumhaughhill oot I wis stacking alangside Wullie Dixon. I wis aye asking him if ma stack wis alricht, wis it gaun up straight, did it need a prop, etc. Hei answered all ma queries but when I hed finished ma first stack hei quietly taen mei tae the side and telt mei that I wis a stacker now and could haud ma ain wae the best. Wullie also telt mei tae use ma ain judgement but no be feared tae ask. Then came the words I'll aye mind "Jimmy, I'm as prood o yea as if yea were ma ain son". They words kept ringing in ma heid all day, felt really guilt cos deep doon I wished hei was ma faither. Terrible thing tae admit but at that time o ma life it wis true, naebody hed said onything like that afore tae mei.

Tatties, hervest and turnips were aye mixed up in the back end. Yin job afore we could kinda settle doon intae regular work wis theeking the stacks. We aye waited till they hed settled doon. Yin mair thing aboot stacking wis yea hed tae keep yir eye on the props yea used when stacking. Might hev tae take some oot, move some or pit in extra yins. Cavers usually did that.

Thecking, or some said thatching, when I wis young I cut the rushes on the Curling Pond for theeking, used hemp ropes tae tie it doon. When Alex got mair grund we used bunched oat straw and held it doon wae stack nets. It wisna as nice as some ferms whae used wheat straw and criss-crossed the hemp rope tae make a bonny pattern. There is plenty information on the various theeking so I'll no bore you except a lot o ferms taen great pride in heving a nice theeked stack yaird. Oor stacks were theeked rough and ready but done the job. I take credit for keeping them dry wae ma heartening o ma stacks. Alex wis still saying hei wis hunting for an extra man, I wis often milking cows at eicht o'clock, efter stacking all day.

As I've said afore turnips wis a crop we all hated, back breaking, muckie, wet, cauld and never ending ower the wunter. When I sei and blether tae auld crippled workers aboot the soakings they hed nae wae could they gaun tae change till denner time or nicht, hed tae dae it for the money. I look aroond at the ferms and sei few crippled yins except for sma holders.

Turnips were gie often, depending on the weather, hard on horses, often fetlock deep pullin cairts oot the fields. Tractors helped though it made the work o us a lot harder. At least wae a cairt it wisna bad tae fill, wae a wee break gaun frae field tae pit. A tractor held aboot threi cairt loads so yer back wis aye bent filling the trailer, also it wis quicker atween loads. Efter the war Alex bought an ex-army fower wheeled lorry. It held five tons and wis used tae take turnips straight off the field tae Edinburgh, Gala and the Co-op.

When I travelled all ower oor district, fencing, etc., I saw the implements that shaw, gether, and coup the turnips intae the trailer which takes them tae the pit wae nae man touching a turnip. Thank God the new ferm workers didna hev tae hervest them the way we done, yon inventor o the turnip machine deserves a medal.

Well folks that roughly covers a year in ma life as a fermer's odd laddie on a hellava odd ferm. I've seen a revolution on ferms sterting as I did in 1941, and also knocking aboot Loanheid Ferm as a schoolboy since 1936. All horses then wae an odd tractor here and there and now 1994 not a horse tae be seen. I wud never hev believed that in 1941 the ferms I kent and worked on that hed fower tae eicht workers, doon now tae yin or threi at the maist. Empty hooses selt tae city folk or turned intae summer holiday hames, ither yins oot on oor hills look like a bomb hed hit them, whit stories they could tell.　Country school houses falling tae bits, ither herds' cottages swallowed up wae yon creeping menace called forestry.　Nae threshing or clipping local gangs, Irish singling and shawing gangs gone, mind o them standing top end o Baker Street waiting tae be picked up.　Nae hervest kirn dances, a custom held for years efter the hervest wis in, held in the barn or the nearest village hall.　Alex never held yin but I wis invited so wis Billy tae a big yin at the Flex jist afore it wis selt.　Also when driving the P.O.W. doon Ancrum, Kelso area went tae a big yin at Morebattle. Tamson, whae fermed Caverton Mill and the Hoptone, alang wae R. Nimmo held it.　They were twae large modern ferms.　Kirns never finished till daylicht or until the eats and drink run oot.　On the guid side o the change is that workers' hooses hev improved tremendously, electric and calor gas in maist o them, also inside toilets.　Pig sties all gone, nearly every ferm worker in the years I sterted kept a pig, I hed yin, same wae a cow.　We hed a club called the Cow Club which wis an insurance against yer cow dying or needing renewed. The club held dances etc. all ower the area.

Blether tae the new generation o ferm workers whae I admit are far mair skilled than I was, it seems there's no very much fun in their working life nowadays, but at least they can work in comfortable conditions and are paid for ony extra hours, though I canna help hankering a wee bit for ma horsey days and the great company o men nearly all gone now.

There is yin branch o ferming that I kent I could aye gaun back tae. No now, I'm ower auld 68 (young?) and that is herding.　It wis aye frae 1943-44 yin job that I liked, it hesna changed that much ower the years except for drugs and transport, but herds now hev larger hirsels tae cover.　Fewer herds will take an ootbye place. Collies are the backbone o oor hill stock, impossible tae dae withoot them, my huntaway collie Nell wud hev been perfect for modern hill ferming.　The danger tae oor hill sheep is the forestry.　In ma life time thoosands o acres planted, ferms I kent jist names - when will it stop?

POACHERS

I've been checking ower this scribble and yin breed o men seem tae run through it - poachers. Nowadays yea sei on TV, read in the papers, etc. aboot gangs o them and the measures that are taen tae catch them. As ma son-in-law Roland is a gamekeeper on the Eastern side o Loch Lomond hei hes seen the carnage they can cause, wounded deer, poisoned rivers, etc. I can only mind o yin crowd in the West End that wud fit that bill. As hei is now dead I can risk naming him by his nickname, Gib the Cat. Hei hed a lorry, I suppose he wis a worthy in the worst possible sense. I got tae ken him through Wull Bev whae helped Gib wae flittings. Yince or twice I helped Gib wae large country flittings, also a couple o times drove his lorry. Gib efter the war went intae flapping, the best kent horse hei hed wis called 'Green Van' efter his lorry. I kent the poachers whae went on the big poaching raid wae Gib, but I'll no name them as their families are still living. By the way distance wis nae object when this gang set oot.

Nearly every family hed a member whae wis a poacher, George Robson whae died recently weel ower ninety, The Shorts, Richardsons, Hoggs, Edgars, McLeans, Munty Stories. I could gaun on for ages - masel, though maist poachers hed a mate or twae I wis strictly a loner, luckily never wis catched.

I can mind the bailies then hed a motor bike and sidecar for the country rivers. Canna mind o the police bothering much unless they were wi the bailies efter a gang. I could name twae or threi country police whae fund an odd fish or twae in their stick hoose. Maist poachers went oot tae make a bob or twae, selt them tae local hotels but as I've put doon afore oor yins in the West End made sure everybody roond them hed a nice cut. I heard a lot o yarns aboot scraps atween bailies and poachers. Mony a bailie wud land in the water but the bailies werna daft, if there wis threi or fower poachers they jist shut their een, there seemed tae be a line that poachers and bailies never crossed. Nowadays yea hear o ex-S.A.S. sodjers daeing river protection.

Rabbit poaching I loved, an art in itself, a thrill plus a way tae feed folk. Nearly every young fella hed ferrets. Wattie Hogg next door hed guid yins, I hed Nell, a dug every poacher envied. Jock Lauder learned mei tae set snares. Now that is really a skilled job. We also used Nell when netting cornfields.

Finally Jock McLeod, ma auld workmate o ten years who sadly died this year, tell me tales o poaching when he wis young. Jock wis weel kent as yin o the best poachers where ever hei worked. Like mei Jock sterted as an odd boy doon the Heiton way, also worked at a' jobs and aye ootside. Hei also trapped rabbits for a living. Hei wis a richt worthy, we hed some guid ploys thegither.

NELL THE COLLIE

This is a true story aboot a young man and his dug. I bred yin or twae litters frae auld Tib and the second litter hed guid looking pups except for yin. By the way, Dod Scott, the train drivers dug, wis the faither o this litter. This pup looked like a richt crit and I wis jist gaun tae droon it. Jimmie Jackson the auld herd came roond tae sei them. Hei wis efter a pup for a herd and hei telt mei tae hing on tae it. Hei reckoned it wis a throwback tae a huntaway collie. Thank the Lord I listened tae Jimmie. Nell, as I named her, wis a dug that nae words can describe. If she hed been human ee wud hev called her a genius. Nell frae the very first wis uncanny. Her exploits are still minded in the West End amung men o ma age but maistly by the boys whae helped on the ferm. Later on she wis kent baith sides o the Border. Herds when they first saw her were kinda inclined tae scoff as she jist didna look like the run-o-the-mill Border Collie. Nell wis built like a lurcher but hed a collie's heid on her, very smooth skinned, prood way o walking and carrying herself. She hed amazing speed ower a long distance, colour wis mainly black, white ruff and chest but it wis her een that let yea ken she wis different frae the rest, they were full o life, aye interested in what wis gaun on, affectionate, fearless but clever, clever - o so clever. Yea hed tae ken her tae believe how clever.

Now I'm nae softie regarding animals, brought up on a ferm yea hed tae be doon tae earth, but when Nell died it taen mei a lang time tae get ower it. I can at 68 years mind the thrills and pleasure o heving her, how mei and her enjoyed life, fun we hed, the pride I hed in her when herds jist shook their heids at things she din. Poachers were aye efter mei tae sell her, the heid yairds man at Gorgie Market offered mei if I mind richt £15 for her. Chipperfield's managers whae hed came tae Haggis Ha tae buy hay seen the boys teaching Nell tricks and offered mei £20 for her, which I turned doon of course. I can't explain the mental thing atween Nell and mei, I only kent we didna hev tae work on it, it wis jist there. Nell frae she wis auld enough went wae mei everywhere and aboot nine months I run her wae Tib but she wisna interested in working sheep same as ither collies, and I nearly gave up on her till I saw yin day when I hedna Tib, that she hed a mind o her own, nae wasted rinnin. She taen the highest point in the field looked aroond for the sheep, gave them a couple o barks tae rin them thegither, then the same on the next highest point. Yince she hed them she wis the best at bringing them tae mei, she got that guid I jist kept Tib for wearing and penning, saved her auld legs.

Efter the war Alex bought Greenbraeheads, and grund up the Wellogate, so he hed tae hire a herd and got yin o the best, Johnnie Turnbull. He hed twae guid dugs but hei admitted Nell could lift Hardies and Young's hill easier than his dugs. I canna mind o her missing yin sheep and there was and still is a lot o whins on yon hills. She wis the only collie I kent that wud let yea ken if a sheep wis in trouble. She jist wudna move even if I cried on her. Efter working wae her a short time I kent the way she looked at mei if there wis trouble or wanted tae play, various looks that covered everything. Nell wis unique in that she could handle cattle, horses, pigs, hens, great poacher. Also I taen her yince or twice tae the pheasant shoots. She could hunt oot the bairns in Longcroft at nicht when they wudna come in tae bed. Mithers cried on her tae find them, it came tae be a great game wae the bairns roond oor bit.

As for poaching I think I mentioned Jock Lauder, whae bided in Burnfoot Cottage. Hei taught mei everything aboot field poaching. How tae set snares, we made oor ain - I hev tae laugh when a read books or hear somebody on aboot setting snares in a fence or hedge. I ken they wud catch yin or twae but naething like the amount we got. We wud watch the fields for a couple o days tae find the runs then set dozens o snares in them, weel oot in the fields. Nell wis fast enough tae rin doon a rabbit but I never let her rin a hare. Anither thing wis I could halt her when she taen efter owts.

Mind yince when Jock and mei wis oot at nicht efter roosting pheasants in the Flex Lodge wud, we used a flash licht if it wisna a guid moon wae twae sections o a fishing rod that hed a rinning noose on the end. I hed Nell wae mei, Jock wisna very keen on her coming. I left her on the edge o the wud wae the command tae "bide". We hed a couple or so brace when Nell landed at ma side and I telt Jock that there wis somebody gaun aboot. Jock wis amazed but I kent she wudna hev moved unless there wis a reason.

Yince during wartime I wis oot efter pheasants. It wis a Sunday morning in November afore I milked the cows jist at daybreak. I wis breaking the law on twae coonts, poaching and on a Sunday, but I hed a ploy wae the Mess Sergeant at Stobs Camp. Hei asked mei if I could get a brace o pheasants for an officer whae wis gaun on leave and hei wud sell them tae him for mei. The officers often went rough shooting and this yin wanted tae boast aboot shooting in the Borders. I wis daeing the Flex side o the Dicks Wud, hed pit Nell in the wud tae flush them oot. I got yin that dropped in the wud, Nell went efter it but jist as I got tae the end, where the richt-o-way is, I met Dr. Haddon wae his twae spaniels face tae face. Quickly I telt him I wis oot for a rabbit for Mum. Tae ma horror I saw Nell coming oot the Vertish wud ahint the doctor wae the bird in her mooth. Truthfully I never gave her a sign but she jist slunk back intae the wood. Dr. Haddon gave mei a lecture aboot shooting on a Sunday, also I wis tae get his permission tae shoot rabbits. Hei hed heard the shot when oot for a walk. Dr. Haddon kent I wis yin o a large family, also ma faither made his boots so hei let me off. Yin thing, it didna stop mei poaching wae Nell.

Nell wis the best ratter anywhere in oor area, that wis the opinion of all the boys and men in the West End, plus all the threshing men and ferm workers. The law wis strictly enforced that yea hed tae net roond the stacks that were getting threshed, usually the mill men supplied the net, the country police wud gaun roond enforcing this law.

Nell wis in her element at ratting. She worked inside the net, never killed a rat ootricht, gripped them by their backs, shook them till their backs were broken then left them for us tae finish off. We hed great sport at nicht in the piggery wae a flashlicht, Nell, and a guid stick. Jock Richardson whae fermed Hummelknowes and Eck Young can verify when Nell and mei were up at Jocks for a morning's threshing. She killed 38 rats oot o threi wee stacks, a record then.

Nell wis great wae bairns, loved playing wae them. If I wis on a job where she wud be in danger I wud tell her tae bide at Haggis Ha till I came for her, and if Donald Lunn, whae hes jist newly retired frae his butcher's shop, or ony o the boys were there she happily played wae them. Some o the tricks she could dae were walking alang the top o a gate walking on her hind legs, finding hidden objects, playing dead, etc. Maria, ma youngest sister, bided wae us for awhile. She hed her wee lassie Lynn, whae wis aboot fower, and she used tae dress Nell up, and Nell wud then jump intae her pram and Lynn wud push her roond the hoose or on the pavement. Then she wud get Nell tae push the pram, walking on her hind legs. If this soonds farfetched I can assure there's plenty lassies still can mind o Nell and her tricks. The amazing thing wis she went oot her way tae play, all this frae a working collie.

Yin mair thing aboot Nell loving tae play. I've got a photo somewhere o Nell sitting on a sledge wae some lassies up the Vertish Hill. I've telt you o oor quarter mile sledge run there. Well, if I wis mucking oot the pigs or riddling tatties and there wis snaw on the grund, Nell wud keep nipping in front o mei tae gie mei her beggin look till I said "go on then yea daftie". She, believe it or not, loved sledging and soon as I let her go she made for the top o the sledge run and waited tae somebody wud cry "come on then Nell". She wud then jump ontae the sledge and get a hurl richt doon tae the road, then she wud gaun hell for leather back up tae the top for anither shot. She sat in front if they were gaun doon sitting and wud stand if a laddie wis daeing a belly flapper. The upshot o this was yin o the Hawick papers sent their man up tae sei if it wis true and taen the photo o Nell and the lassies.

When we were working at St. Leonards wae Bob I aye rode him hame and used tae pull him alangside a dyke. Nell wud then jump ontae the dyke then ontae Bob's back. This tae West Enders wis a common sicht, but you should hev seen the faces o strangers when they saw her. She also often walked atween Bob's back hooves. Even I used tae get worried aboot that. Never seen afore, or since, a dog and a horse that got on as weel thegither. Nell gie often on a cauld winter nicht wud lie doon in front o Bob in his stall. Also I've seen mei eating ma piece ootside. I'd gie Nell ma crust and say "it's Bob's" and she wud take it tae him.

Maist teenagers will aye mind their first dug. I'll never forget Tib and I've telt yea aboot her, but her biggest and best present tae mei was Nell. I've hed a lot tae dae wae dugs, some mine, some Cavers. Some o ma mates looked efter Dad's greyhounds, helped Jimmy Gibson wae his. There wis aye a dug o some kind in and oot oor hoose but nane o them were mine.

Wae Tib and Nell I came o age through them. When I hed spare time, maistly summer nichts and Sunday efternoons, Nell and mei wud set off exploring oor woods, hills, valleys and burns. I'm no clever enough tae find the richt words tae describe the pleasures I hed frae the hours we spent. She wis an expert mushroom hunter efter a few lessons. Liked tae raise grouse oot the heather, wis comical tae sei her wae a hedgehog. Then I've seen us efter eating oor pieces watching young rabbits and birds for ages. As I've said afore I wis a loner regarding salmon poaching, except for Nell. I kent a the guid pools and hed Nell as a watcher so never worried aboot bailies or keepers. I fund oot in later years that they didna want tae waste time trying tae catch mei efter a couple o attempts. The retired bailie whae telt mei this said I wis small fry, but I believe it wis Nell that stopped them, also I could rin for miles ower oor hills that I kent so weel.

I, maistly wae Nell, poached for the hoose and for the neighbours. Also I've said afore for money, but even in those days I wis questioning the richt o Lords, Dukes, Earls, etc. tae claim all game wis theirs. There's yin thrill that beats onything, middle o a derk nicht poaching, Nell silently warns mei, I hear the bailies, slip away and listen for them, feared but thrilled at the same time. I frae a wee laddie wis never feared frae the derk, loved in the woods on a moonless nicht. Seen mei coming hame aboot fower in the morning and heving tae stert work in a couple o hours, and hed the time o ma life, this through heving the best and cleverest dug in the world.

Nell went everywhere wae mei, up tae Stobs for the swill, roond the army billets in Hawick. Also by then we hed the swill frae school and mill canteens and hotels so she wis kent a ower the district. Yince when I wis coorting ma wife Kathleen, six o us went for a picnic in the country. We walked in those days and I left Nell wae Mum. She fund us, she wud hev made a great mountain rescue dug. Nell wis very protective aboot oor family. Onybody whae made a threatening gesture or spoke angry words tae us, she wud hev her hackles up frae her neck tae the tip o her tail, and wae her teeth bared wisna a pretty sicht. She watched strangers as they came intae Longcroft till they were oot o sicht or intae somebody's hoose.

Nell showed her courage and fight when she got run over. It happened yin Saturday nicht. I wis oot and the aulder yins got Maria tae gaun for chips roond tae Lizzie's late on. Maria aye taen Nell as there wis aye a chance o a drunk gaun aboot, but being honest I canna mind o yin lassie being molested. Cutting a lang story short, Nell, whae wis aye made tae wait ootside, wis run ower wae a drunken van driver whae didna stop. Hei also jist missed the group o folk ootside. I hed been at the dance and when I got hame shortly efter, Dad wis away tae get auld Jock Scott tae pit Nell doon, as they couldna get a haud o the vet. I wouldna hev this, got somebody tae keep on trying tae phone the vet and sterted tae clean up Nell, mind o thanking twae men whae carried her roond on a sack, never even got their names. Nell's jawbone wis hingin doon, her face covered in bluid, a huge gash in her side. Yin front leg wis certainly broken, a large flap o skin hingin frae her shoulder, she wis mair deid than alive. Somebody said they hed gotten a haud o Scott the vet's wife, and she wis gaun tae tell him when he came in. That bugger never came till Sunday and then jist said I should put her doon. I can mind yet efter all these years how roosed I wis wae him, telt him tae stitch her up and I wud nurse her. He did find oot she also hed broken ribs. Poor Maria, it wis Sunday afore she could tell us what hed happened. Mum, Maria and myself, nursed Nell frae Saturday nicht richt through till the vet came. Mum hed bandaged her up as weel as she could. I can mind Dad saying I wis only torturing the dug, even Mum hed her doobts. Only Mum backed mei in trying tae nurse her. Jimmie Gibson came and fixed a splint on her leg and taped her ribs and tied up her jaw. Now that dug o mine lay there letting us dae the work on her, just looked frae yin o us tae the next. The vet hed left a powder tae gie her for the pain. Mum fed her wae a spoon, also spooned brandy tae her, aye wondered where the brandy came frae. I sent word tae Cavers that I wud milk the cows but I wis gaun tae take some days off and if hei didna like it hei could sack mei.

I kent the best vet, Mr Tully, wis coming tae sei yin o Wullie Turnbull's horses on the Monday, so I phoned him and asked if hei could look at Nell. Mr Tully kent ma grandfaither early on in life, also knew Mum. Tully examined Nell, telt mei she could recover, would take a lot o work and time, but might not in the end be fit enough tae work, showed us what tae dae. I'll no bore you wae ony details o the work we done, nae dug got better attention frae us and neighbours. Nell's leg mended withoot a limp, Tully fixed her jaw though a bone efter wis nae guid tae her. Her wounds healed wae nae infection. Mr Tully gie often looked in tae sei her, borrowed her I think thrice tae let his young pupils examine her. Funny she never objected gaun wae him.

There are true stories aboot Nell that I won't put in this scribble cos any of you reading this that didna ken her, and we that do are getting fewer every year, would call mei an auld liar, but I'll finish wae twae mair.

Mum as I've telt yea wis a midwife and gie often the doctors and police wud want her for an emergency which they did this nicht. Sergeant Neil sent this young constable up on his bike tae get Ma, telt him tae chap on the back bedroom wundae tae waken her. Hei must hev been feared tae chap ower hard, so went tae oor side door which wis never locked. Went intae the kitchen, opened the door intae the living room crying "Mrs McEwan", when hei wis gripped roond the leg by Nell, guid job Ma hed woken or he wud hev been seriously injured. Nell never barked in the hoose, she never really wis a dog in the accepted sense. She wis great fun tae everybody, kept learning new things all her life. Maist things she jist learned them hersel.

I'll end wae a true mystery regarding her death and thank God there's folk alive whae can back me up cos if somebody hed telt mei this story I dinna think I wud hev believed it.

When Kathleen and mei got married in 1954 I left Nell wae Mum and the pair o them were weel kent in the West End. I wis a woodcutter then, too dangerous a job tae take a dug, also Nell wis getting on in years. Yin summer, in 1956 I think, Ma sent word that Nell hed turned ill. I went up and sent for the vet as her back legs seemed tae be useless, couldna stand. The young vet frae Denholm came, canna mind his name, and telt mei hei wud take a bluid sample and let me ken. Later on in the week when I phoned him hei telt mei Nell hed an incurable spine infection and wud only get worse. I've telt yea I wis brocht up the hard way, I hed put dogs doon for ither folk but nae way could I put Nell doon so I asked the vet tae dae it for mei. He kent Nell and promised to come the next morning which was a Saturday. Saturday came and I went up tae find Mum in a terrible state, she hed gave Nell a drink and went doon for the rolls and paper, when she came back Nell hed gone. The vet came and telt Mum she couldna be far so they hunted roond the hoose and gairden. Nae Nell, the vet went away and the neighbours helped Mum till I came. Now Nell hed not moved for 2½ days, I spent all weekend asking folk and hunting for her.

Twae weeks efter, Billy came doon tae Wilton Crescent, hei hed fund Nell when pitting hay intae the shed at the Changefield. She wis curled up in a nest o hay, nice and peaceful. I buried her in the Dicks Wood, merked the tree, naebody wud bother her and I nearly broke ma heart. I just took it for granted that the vet's lab hed made a mistake as the Changefield wis a guid mile frae oor hoose in Longcroft. I phoned and telt young Rob the vet that we hed fund her, he wis glad but puzzled, so later on asked the lab tae check again the blood. They reported back that there wis no mistake. Nell left a huge gap in ma life but Billy put me richt when hei said "Whit a lucky bugger you were Jimmy tae hev a dug like Nell".
P.S. Mr Tully the vet never charged me for Nell.

MART. LOCH-PARK HAWICK 1882. FROM OLD PHOTO

GERMAN P.O.W. - WILTON CAMP

April 1945, I wis 18 years auld, determined tae leave Cavers, whae still hedna got a man for the cows, standstill order wis still in force. Cavers used the law efter I hed ma airmy medical in Edinburgh, but Eck Young telt mei that the P.O.W. camp at Wilton wis gaun tae need civvy drivers tae take P.O.W. oot tae the ferms, and it wis changing frae the W.D. tae Ministry o Agriculture, and wanted ferm workers as drivers, and the standstill order covered the job. I applied and got the job, gave my notice tae Alex. Hei wanted tae ken where I wis gaun but I wud not tell him. Hei threatened mei wae the law again. He fund oot through his lassie Etta, whae worked in the Agriculture Office in Hawick - wud hev liked tae hev seen his face when telt hei could dae naething aboot it.

I sterted on full tractor man's wages and nae Saturday working, a new world for mei - a big step, I kent a number o Germans wae them working on the tatties and hervest, also I kent the British drivers. I hed never driven onything bigger than Caver's van, and in the camp there were some large army troop carriers, but yince again I wis a lucky bugger, yin o the drivers Bill Sands taen mei under his wing. I've aye hed a liking tae drive big lorries. Poor Bill died a number o years ago, we played darts for years thegither in Gentie's pub.

My day sterted at 5.15 a.m. getting the lorry ready, picking up the sheets for ma ferm run and number o P.O.W. which yea hed tae sign for, then collecting the P.O.W. ready tae leave at 6.15 a.m. It wis usually efter 6 p.m. afore yea came back intae camp. Some hours I worked at Loanheid but I got paid overtime efter eicht hours and extra for driving. I wis suddenly rich. Some o the drivers hated the long hours and never stuck the job for long. Under the W.D. they drove the prisoners oot, came back tae the camp and collected them at nicht, didna hev tae work on the ferm. That changed when Ministry o Agriculture taen ower rinning the camps, we also hed P.O.W. drivers.

At last I wis away frae the beck and call o Cavers. There's nae way tae describe ferm work then unless you were in it, yea were nae mair thocht o as the stock. That's a lie, stock wis mair thocht of. I came intae ferm work when hinds could tell yea o conditions in the 1890s up tae the war - slavery that's what it was (getting on ma high horse again).

There were ower 300 P.O.W. at Wilton, they done their ain cooking. Efter the war also sae mony kept the camp clean, some worked in the office. Tam Storie wis the Transport Officer, a richt Common Riding man, and Captain

Sewell wis in charge o the camp. There wis anither small P.O.W. camp up at Stobs, we hed nothing tae dae wae it. It wis under the W.D., strictly guarded, nine foot barbwire fence roond it, held aboot thirty P.O.W. o the worst kind. There were ither camps in the Borders. The yins I hed tae dae wae were at Selkirk, Kelso, St. Boswells. Later on efter the war they were all made open camps except Stobs. I mind when lifting the swill at Stobs Camp I wis not allowed near hand that camp. If I mind richt some came tae Wilton before gaun hame.

As I've said afore I kent a few P.O.W., and through working wae them and them asking mei the names o things in English, I picked up a guid smattering o German and now, as I wis driving them roond the ferms and eating ma denner wae them, it must hev been funny for onybody that overheard us. A lot o Jerries must hev went hame thinking they were speaking Kings English when it wud be Sandbed English. I made a lot o friends amung them, some went hame, some married local girls. There are still fower o them in Hawick I ken weel (1994). I also made a lot o new ferm worker friends ootside Hawick. My huge 'elephant' Ford lorry is still remembered roond the Ancrum, Jed, Lief district, it taen up the whole width o the back roads. I hed a guid threshing gang, we followed the mill roond the ferms and guess what, I ended up working wae Eck Young maist o the time.

The P.O.W. liked the threshings as maist ferms gave them their denners. Some didna and we hed tae eat oor pieces while the ferm workers got their denner off the fermer. I aye taen ma pieces alang wae ma squad, though usually I wis asked tae gaun intae the hoose. Some fermers whae didna ken mei mistook mei for a P.O.W. I hed an Africa Corps peaked hat, a gift frae a P.O.W., plus ex-army claes, dyed green. Also I could converse in broken German. We used tae keep this up wae some fermers till the last day, great fun when I spoke in my Sandbed English as we were leaving.

There was a mystery while I wis there. All drivers were sent hame yin morning, we were telt word wud be sent when we were tae come back. This wis jist afore the Jerries went hame. By now the camp hed aboot 100 P.O.W. whae hed been held in American Camps. They were shipped ower tae holding camps afore gaun hame, drivers collected them off the train at Hawick station. They hed ex-American uniforms, brand new yins, all dyed black, best o boots, hold-alls, etc., fund oot they hed a great time in America. Hawick wis a holding camp so there wis often 400 or so held there including oor ain yins. Back tae ma mystery, efter fower days we got word tae stert work again. I soon fund oot that the reason for closing the camp wis an American P.O.W. hed been fund hanged in the transport shed. The police hed been cried in but we were telt by Captain Sewell hei hed taen his ain life. I knew that wisna the whole story, but when I tried tae find oot frae oor Jerries they jist clamped up, and it wis not until Zeigfried, who worked in the camp office, was gaun hame I got a clue. He told me a strange story which I canna vouch tae be true. He micht hev been spinning a tale. The story was that the P.O.W. found hanged wis a Waffen S.S. whae hed swapped dog tags frae a dead Germany soldier to hide his identity, but some P.O.W. who were in Wilton Camp had been in the same unit as the dead German, so you can make your own conclusions. I think the P.O.W. wis buried up in the far corner of the Wellogate.

I drove the P.O.W. up until they all went home. British drivers frae ither camps came and helped us to take them to St. Boswells and Berwick Stations at nicht. I make no apology for making friends with a lot of them. Our camps were only for the ordinary German soldier. They telt mei they wud never forget the Hawick folk, how well they were treated efter the gates were flung open efter the war. Yin mair thing that delighted the Wilton P.O.W. wis that the yins that came frae America hed tae gaun oot tae work on the ferms, which they taen badly tae.

EUROPEAN VOLUNTEER WORKERS

Efter the last batch o Germans hed left we were asked to stay on, as the camp was once again going to be used. Also the administration was changing. A few drivers left but as I wud hev tae gaun back ontae the ferm I held on tae see what was gaun tae happen. In France, Germany, and occupied countries, the army found thousands o men wandering aboot, men frae all nations. Yin thing I fund oot wis the British Government held onto the German P.O.W. as long as they dared cos the sodjers coming hame were seeking better jobs. The E.V.W. workers were gaun tae fill this gap for the fermers, better explain E.V.W. - it stood for European Volunteer Workers. When these men first came ower they were called D.P. - Displaced Persons, not a nice tag tae pit on a man.

I drove these men in the same area richt up tae aboot a year afore it shut doon. I never heard as mony different languages spoken. Again I picked up essential words so I could act as a sort of an interpreter atween what the fermer was saying and the men. It hed been easier wae the Jerries as some o them hed some English, very few of the E.V.W. hed ony. The interpreter for the camp office and them wis Mr Mezulas. He wis born, and went to University, in one o the Baltic States, could speak aboot ten tae twelve languages. Him and mei came tae be very close friends. It was marvellous tae hear him switching frae yin tae ither when the men were handing in their work sheets, or complaining aboot something. Forgot tae mention Tam Storrie and Captain Sewell bided on for a guid while. Afore the camp shut Mr Mezulas applied to a lot o British Universities for a position, that's when I fund oot hei hed been a Professor o Languages. When the camp finally closed he got a job in a tweed mill. The Education Board had told him that as he had no proof they could not accept him. How could a man, whae hed tae flee for his life, furnish qualifications. Mr Mezulas hed the last laugh, America welcomed him wae open airms, our loss their gain.

There were many men in the camp whae hed skilled qualifications. There was a dentist Dubatie, a Burgomaster whae became the camp's gardener, the list wis endless. I again hed my education improved, their different countries hed jist been names on a map. They telt mei o their trials afore they came. Denner times yince again fund mei learning new foreign words. The men were twice as keen as the P.O.W. tae learn English. They also hed their customs, how they varied, also the age groups were frae young men tae over sixties. I helped them wae forms, etc., made a lot of friends that I still have. Yin thing, the E.V.W. didna hev tae gaun ontae ferms efter they hed been here a certain time, some went as gardeners or railway porters. One, Kasmir, went intae racing stables, a lot married local girls. I knew the camp wis due tae close as the men were getting jobs, must mention the forestry employed aboot 30 at Bonchester. I wisna worried as I kent I could gaun back tae ferm work.

RETURNED TO CAVERS - LOANHEID FERM

Yin nicht Billy came roond tae sei mei. Alex hed sent him tae ask mei tae gaun back as a tractor man. The time I hed been away the Greenbraeheids Ferm hed came up for sale and Alex bought it. He also hired Johnnie Turnbull frae the Flex as the herd, and efter I hed left he hed been forced tae hire a dairy man, Jimmy Scott. Jimmy wis wiser than mei, hei hed a contract that Cavers couldna force him tae work lang hours. Jimmy jist worked on the land efter his dairy work wis done.

I turned Alex's offer doon but he came tae sei mei himself promising I wud be tractor man only, wae nae beasts or sheep tae dae. Also all overtime wud be paid. I kent hei hed been hunting for a man but naebody wud work for him. I finally agreed tae ma sorrow in later years.

Yin thing that changed ma mind wis Alex hed got yin o the maist up tae date tractors, the best loved tractor that ever came ontae ferms, it wis a marvel, canna describe whit a boon it was tae us whae drove them. It ended the horses, which I deeply regretted, but on our steep grund it wis so safe, could turn on a sixpence and wae its ain implements it done everything a pair o horses could dae. This wis the grey Ferguson, it even hed a pet name 'the wee Fergie'. Cavers telt mei hei hed anither coming, a brand new yin, and I wis tae get Billy's which wisna a year auld. A wee note on the first Fergies, they run on cheap petrol. Anither thing that swayed mei wis Billy and mei wud be working thegither again. I must admit I hed missed him, it wis him that got Alex tae hire Jimmy. Billy hed refused tae milk the cows.

The pigs were still there but no sae mony wae the airmy camps being run doon, also St. Leonard's fields over the next fower or five years were gaun tae revert back tae grass parks - this sterted yin o the happiest and best times I hed. I sterted again wae Alex the year afore the first Common Riding efter the war. Charlie Bell, a garage owner's son back frae the war, wis elected Cornet and I wis determined tae realise ma lifelong ambition.

Due tae driving at Wilton Camp I hed for the first time in ma life a bank account so I wis letting ma horsey friends ken I wis hunting for a horse. I canna mind whae let mei ken Amos o Northhoose hed a pony for hire. I went up tae sei him and he said I could hev the powny but I wud hev tae sei Mr Giverin o the Tower Hotel, seemingly hei hed the last word. To cut a long story short I got this Arab powny but it hed been rinning oot all winter. The herd wis supposed tae hev been using it, hei telt me it wis a bluidy idiot. Amos's lassie wis supposed tae hev it also for riding oot. Anyways yin Sunday Billy, Tammy Tamson and mei, went up tae catch it.

Patch as it wis called wis a lovely grey Arab powny but as it wis 14.3 hands high it wis wrong tae describe her as a powny. She wisna bad tae catch, she wis in a sorry state, rough coat, filthy, a bit thin, but no bad seiing she hed been rinning wae the beast. I wisna worried, at last I hed a horse. Patch wis not for sale but Amos hired it tae mei for very little, also he gave me a brand new saddle and bridle. The only condition was I hed tae take her richt away. That must hev been early March. Tommy rode her home for mei as I hed tae get her stable ready, Kate's auld stable at Loanheid. Can mind when Dod Scott, an engine driver, whae helped us oot wae the sheep, also his dug wis Nell's sire, came tae sei Patch, gave her a couple o slaps on her quarters which she never taen ony notice. Dod said "Well Jimmy, yea hev got a quiet yin". I fund oot later that Chuck Whillans wis supposed tae hev hed her afore or during war time. Billy's faither Wull kept mei richt, but I looked efter her same as I hed looked efter Bob. Wull clipped her and I got worm pills, etc. frae Tully the vet whae checked her ower. Mind the bill wis 30/-. Tully kent a aboot Patch, said she hed raced under Purple Patch, also she hed a bad name for bolting.

Pony racing wis popular in Wales, North England and Aberdeen, so maybe she run afore the war. She wis ten year auld when I hed her. I hed tae May tae get Patch fit, and looking back that time wis as guid as following Charlie Bell. I couldna get oot ma bed early enough, yon time afore I left the stable. Life wis great, a horse and dog, what mair could a young fellow want. Wull showed mei how tae plait her mane. I groomed her till she shone. She did bolt yince, it wis terrifying but also thrilling. Wull telt mei tae gie her a guid gallop every day, also changed her bit, she hed a tender mooth. Shortly I could control her wae a touch or pressure o ma legs. I wis roond by the Flex yin nicht when Amos came oot frae Mrs Elliot's driveway. Hei stopped tae ask mei how Patch wis daeing, complimented mei on how weel she wis looking. The upshot o this meeting was I got word that Mr & Mrs McGivern were coming tae sei Patch.

They came on a Sunday and I hed tae take Patch tae the Changefield where I put her through her paces for them. I can mind that I hed an awfa thocht that they were gaun tae take Patch back. Mr McGivern asked me how Patch wis behaving in the stable, I telt him yea hed tae watch her but she wis a thoroughbred and yea hed tae expect that yince yea got them fit. I mind the smile that came ower Mr Givern's face. Here's mei telling a man whae kent mair, a lot mair than mei, aboot a thoroughbred.

Patch, Nell and mei, as I've said hed great fun. I taen her roond the stock, learned her tae stand still cowboy style wae the reins on the grund, also Nell could bring her, picking the reins in her mooth. Now at 68 years auld

I can mind the joy and pride o ma first horse, it's something that only horse owners and riders can describe. Above all wis the great feeling I felt when I joined the great band o Cornets' followers - we are so lucky in Hawick.

R.O. (J. McEWAN)
1860-80 ST. MARYS CHURCH HAWICK

T.H.LAIDLAW

COMMON RIDING 1946 - CORNET C. BELL

The first rideoot wis tae Bonchester, no the way they gaun now. The route wis up the Stobs road tae Newmill on Slitrig, through the ferm and across the river then ower oor hills. This route wis changed later as it wis gie difficult yince yea crossed the Slitrig. A deep gully caused a number o less experienced riders tae fall off and there could hev been a serious accident. I must say I liked the auld route, it wis changed tae Lovers Lane then up by Hummelknowes Moss, still a lovely rideoot. Nowadays the Cornet is forced tae change his route nearly every year.

We hed guid weather that year, maist o the riders were experienced so we hed great fun jumping fences, Patch wisna keen on jumping, also we formed a pony club, kept in a bunch o oor ain, hed charges like cowboys and Indians, etc. Mind Dod Ormiston, whae wis Acting Faither, chasing us wae his stock whip efter we gliffed the aulder yins wae yin o oor charges, but I learned the aulder yins fair enjoyed oor antics.

Patch wis so fit that the rideoot wis nae bother tae her, it wis the first real chance I hed tae judge her speed against the big horses. Fund oot she wis very fast ower the short distances you got on a rideoot.

Following week, early yin morning, I run her roond the Moor ower 6 furlongs. Nae bother except she gliffed mei wae rinning awfy wide at the corners. I telt Billy, and him and mei went tae Wilton Burn ferm where there was a gallop aboot 5 furlongs straight. Nell beat Billy's horse easy, mind you I wis only aboot nine stane. Billy reckoned a Cornet's race catch weight wud be best for Patch and maybe a bigger Cornet's race. Only snag aboot the big race wis I wud hev tae carry 11½ stane, that wis the rules in 1946.

A wee word aboot the followers in 1946, they were maistly made up o fermers, their sons, manufacturers like the MacTaggarts, Henderson's the Grocers, Hutton's, Scott's and Peden's butchers. Mind o Doug Wulson, Danny Nuttall richt hand man, they were the back bone o the followers. Horses were scarce, funny enough plenty stables. It wis a job getting a horse for hire, nae riding schools. Naebody kept horses for hire. I'm sure Alex wis the first tae hire horses oot. Mosstroopers Club did try tae help later on by rinning a sort of hire riding school at the park where yon twae nice cottages are afore yea gaun ower the brig tae the Dean. Fellows like mei hed tae gaun roond the ferms hunting for a horse tae hire so the first twae or threi Common Ridings hedna the large following that yea sei nowadays, also very, very few bairns followed. I'm not sure but I think Bruce MacTaggart, whae wis Cornet later on, wud be the youngest. His faither taen him on a lead rein roond aboot the time Billy Cavers wis Cornet. Tae mei, then and now, Dod Ormiston made that Common Riding. He handled the riders so well and wae fun. We all respected him. There wis nae marshalls, aulder followers, just wae a word, kept us in order. Afore I leave this, yin man showed us by example, year in, year oot, Anderson the Hatter, we called him Jimmie but Mr Anderson tae his face, him and his great horse Goldianna? (I'm no sure o the spelling) led off the chases for years.

During our rideoots I got a lot o comments on how weel Patch looked, being a pure bred Arab she carried herself weel, arched neck, lovely heid, aye on her toes, lovely grey mottled coat that stood oot frae ither greys, plus her silvery tail and mane. It's a wonder that I didna burst wae pride for her.

Mind Billy's faither came in on the Wednesday afore the Thursday nicht chase tae show mei how tae get Patch tae look her best, (ower the years there's aye been somebody). The Thursday nicht chase wis the first chance tae show off yer horse in a parade. I hed the dairy boiler on for het witter, a bit bar o soap, then Wull showed mei how tae work the soap in wae ma fingers. Hed tae laugh when we hed her soaped ower, she looked like a drooned rat. Yin thing Patch liked wis tae get hosed doon, we then rubbed clean sawdust through her coat and brushed it oot - hard work! Wull plaited her mane and tail, telt mei tae leave the plaits in till Thursday nicht then brush them oot leaving nice waves. Thursday nicht Patch and mei passed Wull's inspection - that's brocht tae mind aboot an incident that nicht. Alex came roond jist afore we left and Wull jist walked away, never spoke. Efter the parade we went up the Loan passing the summer seat. All the regulars were there including Wull and ma Mither. We got huge crowds then, also the first chase efter the war.

The men judged the horses and riders as they passed, didna matter whae they were. Many a boys' and mans' ears were burning afore they got oot o range o they auld buggers' remarks, aye comparing us tae the riders afore the war. Fund oot later they voted Patch the best turned oot pony but telt Dad I wisna sitting richt in the saddle, they sure could bring you doon tae earth.

I often wondered aboot Patch's full name, Purple Patch. Fund oot at Mosspaul rideoot, where her photo wis taen, there wis a dark patch on her chest. Only seen when she hed been sweating, still hev the photo. Laddie Dickie held Patch for mei at the rideoots and Common Riding. His brother wis Cornet in later years.

I'll never forget oor rideoots ower oor Border hills, also ower the auld coach road tae the Lief, the great company o riders, the welcome we got at the villages and when we came back. My companion was Rob Campbell, sadly like a lot whae followed in the first few years efter the war, Rob is gone, I hev a photo o the twae o us at Hawick Moor.

Patch loved the parades, Friday morning yin I liked best. Ma sisters dressed Patch's bridle, wove the colours roond it, rosettes on each side. Never was as proud in ma life. I swore efter the Common Riding that yin day I wud be Cornet, we all had that ambition.

Come the actual Common Riding I hed entered Patch in all the Cornets' races and on Friday the first race I run her wis for senior ponies, between 14.2 and 15 hands, and for riders aged 15 and over, catch weight, five furlongs. There wis a large entry, the favourite wis Misty Morn ridden by Jim Scott, he wis a great sport. Billy Cavers hed ridden Misty afore the war and won the Jed Murray trophy. She won races baith sides o the Borders, same height and a lovely looking miniature race horse. I think she never hed been beat in a pony race. Duncan Bain, whae's family owned the sawmill the ither side o the road frae Wattie Scott's ferm the Nittin (Newton), hed a guid pony but hei wis a lot heavier than mei. Disnae matter whae yea are frae Lester Piggot tae mei, naebody forgets their first win. I can mind every bit o it, how I tucked Patch inside gaun roond the top corner, feared she wud run wide. Duncan wis in front gaun doon the back, I passed yin or twae till I wis ahint Jim on Misty. Now came yin o the greatest thrills o ma life, bottom corner Dunc came wide, Misty slipped in, I followed. Dunc's pony kept Patch frae rinning ower wide. Now I hed never asked Patch tae gaun, hed jist sat still. Jim wis gaun awa frae mei, it's a short run frae the bottom corner tae the winning post but when I asked Patch tae go I knew I wis gaun tae win. Then I knew how top jockeys felt on a horse a length or so ahint, but kenning it wis their race. I passed Misty afore the paddock gate. I wis telt efter that I wis shouting "Go! Go! yea beauty". Jim shook ma hand efter we drew up. I cannot pit intae words even efter a these years. I tried tae buy Patch but it wisna for sale. I won a catch weight race on the Saturday and Mr Amos came ower and telt mei that hei wis so pleased how a hed looked efter Patch that they hed agreed no tae charge mei. Patch went tae a riding school in Selkirk but she run away and got badly torn on barbed wire and I never got her for Bert Scott's Common Riding.

I hev followed at Jedburgh, Langholm, done the Stow rideoot frae Gala but there's naething like Hawick Common Riding - naething.

I followed on various horses until I got married in 1954, that's where I met ma guid wife, taen her tae the Ball in 1952, still thegither 40 years later.

Twae horses stick in ma mind - yin wis a dapple grey Alex bought tae hire oot, it came frae a riding school. Robert Pringle rode it yin year, his son and grandson hev been Cornets. It wis yin o the worst I ever hed, it wud only walk or a forced trot. Naebody wanted it so Cavers gave it tae mei cheap. The first rideoot wis murder, I wis aye ahint, fund oot that the riding school hed used her only for learners, but I taen her roond the sheep, cattle, and ower the hills every chance I hed, never stabled her at the first, put her intae the Changefield, fed her weel, didnae think she got much corn at the school. By the Common Riding week she wis gaun grand. Alex wanted her for himself, we hed a hellish row, he said there wis naething doon in writing and it wis his horse. Hei taen it off mei for the Thursday nicht chase, I hed the last laugh, it wudnae gaun for him. Hei got a red face gaun up the Nipknowes as it trotted all the way. I got her back for the rest o the Common Riding, swore I wud never take a horse from Alex again, the roosing thing wis hei selt it for a guid price later on.

Like all horsemen I can aye mind o ma first <u>ain</u> horse, bought it the year Billy wis Cornet. I normally got them frae fermers or through horsie freends. I went tae Kelso Sales, yin o the largest horse sales then, wae aboot £50 tae £60, wandered roond looking at horses in ma price range, seen threi that I liked. Cavers wis doon, hei wis efter cheap hacks as now we were intae a new venture, hiring oot horses for the Common Riding. We kept aboot 14 if I mind. The first twae horses that I fancied were bid ower ma budget. Fund oot efter Alex hed got them, hei seen mei bidding. The last horse in ma price range came intae the ring. It wis a mare that Dan Nottman, stud groom at the Jed, Newton Ferm, telt me aboot. It belonged tae Mr Harker o Westerhooses, whae wis huntsman for the Jed pack. This time I went ma limit and wis sure I wis getting it when anither 10 guineas wis bid. Aye, Cavers again, I could hev killed him. Then I heard Mr Oliver, the auctioneer, announce no sale as the mare hednae reached its reserve price. That pleased mei seiing Cavers wisnae getting it. I never bothered bidding ony mair.

Billy asked mei tae gaun and sei Oliver o Denholm for him as he wis efter a horse privately. I kent Mrs Elliot, Dan's boss, hed bought a guid mare and hei wis blethering tae Oliver, been arranging transport, I telt Oliver that Cavers hed at least twae, also Billy micht hev yin. Dan Nottman asked mei if I hed gotten a horse. Telt him I wis outbid on Harker's horse and it hed been withdrawn. Dan then said tae come wae him tae sei Mr Harker. We did and the result was, on Dan's recommendation aboot mei, I got the horse on yin condition if I ever wanted tae sell it Harker wis tae get first chance. Learned later Alex hed went tae buy it but Harker wudnae sell it cos hei didna want it tae be hired oot tae Tom, Dick or Harry. I'll never forget Alex's face as I led Red Jester oot o Oliver's box at Haggis Ha, hei wisna pleased, even hed the cheek tae ask mei how much I hed paid.

Red Jester, strawberry roan, wis the best horse I ever hed. Not a racer though I got yin or twae seconds on her. She wis a great jumper, I won a few prizes at shows, she wis fun tae ride. When I at last hed tae sell her I phoned Mr Harker, whae telt mei hei hed been keeping an eye on her and mei. He telt mei hei kent o the perfect buyer for her, twae ladies whae bided in a big hoose afore yea came intae Gala hed asked him tae look oot for a guid hack for them, also tae hunt. I got £100 for Jester. Mr Harker woudna take owts. Mair important the ladies kept her even when she got past hunting.

I could go on and on aboot horses and the Common Riding, huge part o ma life they taen, even efter I got married I helped oot wae the flappers. Went an odd time tae Mosspaul depending whae wis Cornet but tae my regret I wis never even considered as a Cornet and when I found oot why I swore I wud never follow again. Auld age hes mellowed mei but it's Hawick's disgrace that there is a group o followers whae will never be Cornets, disna matter how suitable they are. 1994, I see some signs o change but I dinna expect tae sei it in ma life time.

VARIOUS JOBS

I wis gaun tae stop at this point but ma bairns encouraged mei tae pit doon the various jobs I worked at. They reckoned I must hev been weel ower a hunder year auld when I retired, so here goes in 1994.

I hev already telt yea aboot driving P.O.W. and E.V.W. in Wilton Camp, also how I went back tae Alex efter hei bought Crawbyres and Greenbraeheids. Later he bought fields at Kaimend, Hilliesland Hen Ferm and Wellogate fields off the fermers. It wis guid working there, Fergie tractors, Billy and mei sharing the work. Johnnie Turnbull, the herd, and his wife were great folk. Jimmy Scott wis dairy man, hei wis richt clever wae his hands. It wis great heving nae cows tae milk though Jimmy wis ower the moon when I telt him ony weekend hei wanted off I wud milk the cows. I can mind when I never ever got a break. It wis aboot this time we got intae flapping, Alex, Billy and mei. Billy and mei taen the horse box, went tae Stockton Horse Sales where Alex bought his first twae guid Flappers Silver Coin and Rontgen. Billy and mei put a lot o work intae they horses. Silver wis the best but then Alex went back tae his dealing.

I dinna ken the oots and ins o the deal but it ended up wae Silver changing owners. Shand frae Aberdeen got her. The week o the Common Riding, I think it wis when the weights came oot, Shand asked Alex (I think) tae get a young laddie tae ride Silver in the Tradesman and we hed a young lad whae wis aye at the stables, and that sterted 'Bogus' Hogg on his long career wae horses. Silver Coin duly won the Tradesman, Billy and mei felt robbed. Tae make things worse hei selt Rontgen tae Sandy Robb frae Aberdeen. Alex telt us hei wud buy a better yin later.

Ower the years we hed flappers, some were guid some were hellish. My twae favourites were Nell and Butcher's Girl. I reckon Nell won the maist money for Cavers, ither yins were Dollar Loan, Playboy whae wis blind in yin eye, Fiddler whae wis a bugger in the stable, Lady a racing pony whae won a lot o followers races, also Penton and roond the wee tracks laddie Richardson aye hired her. We did win the Tradesman wae Legend, a proud day for Alex. That wis his ambition. Jed Huggan rode him, again I could go on and on aboot flapping but this is aboot the various jobs I worked at. Afore I leave flapping Billy Cavers wis the man behind Alex's success, hei wis the best.

Jim Scott and Alex fell oot and Alex asked mei tae milk the cows till hei got a man but I wisna sae soft this time. Gave him six weeks, also I wis tae be paid full rates and for any overtime I worked on the land. Ma six weeks stretched intae fower months as the standstill order hed been uplifted. I handed in ma notice soon as I got a job. I wis vexed that I wis leaving Billy, we hed great times wae the flappers, made a lot o new friends frae Wales tae Aberdeen. Promised Billy I wud still gie him a hand at the races. Before I said I left as soon as I got a job, this wis wrong. I hed a spell working for maself stacking corn, shearing, ditching, etc. roond ferms in the Borders.

Kathleen and mei hed set a date for oor wedding so I thocht I wud get a full time job though I loved working for maself. I sterted wae Peffers whae hed a sawmill doon Mansfield, went as a woodcutter. First job I done wis snedding (loping the branches off and burning them). I wis jist below ten stane, cutting alongside men whae were 12 tae 14 stane. Nae chain saws for us, Peffers wudna hev them. Yea laid the face in and the clogs wae axes, yea hed tae take them as low as possible tae get every inch o wood. Being sae licht I hed tae learn tae be a guid axe man in a hurry, but yin guid thing aboot Peffers wis I stopped on Friday nicht until Monday morning, also a 7.30 a.m. yoking, and we lowsed at 5 p.m. It wis great for mei.

The Peffers were very hard taskmasters though I got on well wae Billy whae wis boss o the woodcutting gang. Peffers made their ain power tae drive all the saws and wud turning machines. A large wood and sawdust burning boiler drove the generator. I hated if the weather wis bad and I hed tae work in the sawmill, nae heating in it as it wis termed a Framp Saw Mill and didna come under ony Factory Act. Bar for a few men the turnover o men whae worked the lathes wis waesome. Peffers went for the cheapest labour hei could get. They turned oot a variety o handles and shanks, try and mind them. First wis handles for hoosehold shovels, shanks o all sizes for shovels and grapes, besom shanks o all sizes, claes horses, seaside spades, chocks for the railway called keys, squared pit props, flooring, batons, coal boxes, etc. They also hed a German saw on rails tae slice up good oak and beech for the furniture market, also the railway bought good oak and beech in the round for veneering.

Every Friday the cutting crew hed tae get ready bags o logs which were selt roond Hawick. Also the week's production wis cairted and loaded intae vans up at Hawick Railway Station. A this work wis hand done, a very sair job.

I being the lightest became a 'speiler'. I spieled up the trees tae fit wire ropes, snatches or lop branches off. Speilers were a bar o steel wae turned in very sharp hooks, yin for each leg strapped on wae long leather straps. Yea hed a special wae o strapping them on so they didna slip or turn the hooks.

You can still sei speilers been used by the telephone and electric ootdoor worker though when I see their equipment I shudder tae think o the risks we taen, us cutters hed a hard time. Axe work could be a killer as we only cut hardwood except for an odd softwood, also trees were felled using a twae man cross cut saw on yer knees fir up tae an hour before it dropped. Aye! folks whae saw lumberjacks at the pictirs thocht they were glamorous should hev spent a week wae us. Mind yea the stories aboot oor axes being sae sharp that yea could shave wae them wis true. Every cutter at denner time or when hei hed a spare minute could be seen rubbing away wae his whetstone, we all hed twae axes, yin fir laying in the face and clogs and yin for snedding branches.

Peffers used a system fir getting trees oot the wuds that enabled him tae buy wuds in awkward places and dangerous yins. Ither timber men wouldna touch them. It wis an aerial heavy wire rope, strung frae twae trees. We hed a stationary winch at yin end which wis also used for loading the lorry. In a large wood we micht hev tae use twae or threi trees. We used a variety o snatches and pulley wheels. Steep slopes were hated by us. It wis very, very dangerous work baith felling and getting them oot.

I hed twae accidents in the wuds, yin I wis lucky the branches broke ma fall when I wis up aboot 15ft at Wolfelee, anither yin at Midshiels when I slipped in a beech. Nane serious, twae or threi days off tae recover.

Kathleen wis expecting Lorna oor first bairn when I received ma worst accident and it wisna in the wuds but in the yard. We didna get oot tae the wuds that morning cos it wis ower wet but it faired up and Billy decided we wud gaun oot efter dennertime. We were passing the main hand operated crane, where the men were loading a but ontae the trolley which run on rails tae the Wade saw, which cut it up intae correct lengths. The operator o the crane, yin o the new men, hed left the twae men handling the cog wheel, tae gaun up on top o the pile o sticks tae help shove a big but off the top, but they hedna left a man tae operate the hand brake, jist engaged the gears between low and high, o.k. for light stuff. Dick wis in front o mei when the men pushed the but off the pile and the weight of it caused the cogs tae spring and the handle flew round catching ma richt airm and throwing mei twae or threi yairds. (Dick hed jist passed a remark on they stupid buggers that couldna balance a log). I wis rushed tae the Cottage Hospital by Eck Peffers as it wis obvious tae them ma airm wis in a mess. Frae there, efter a hellish delay, I wis rushed tae Peel Hospital. By this time they hed got a hold of Kathleen. It wis the worst journey o ma life holding on tae ma shattered airm in the sling. I'll not bore yea wae details except tae say I wis operated on twice within threi weeks by Mr Whitson whae saved me frae being a cripple. I wis off work for a year and the only effects o the accident is ma richt airm is shorter than ma left, also I canna turn ma richt hand richt roond. Efter I finished ma therapy I went back tae cutting wood. It wis an ex-P.O.W. in Peel whae set ma exercises tae get ma airm back tae full strength.

Aboot this time ma faither wis taen ill, went tae Edinburgh then tae Peel, where efter a spell there wis sent hame tae die wae incurable cancer o the bowels. Doctors said hei jist hed a short time tae live but hei proved them wrong. Maria and Johnnie hed flitted tae Dalkeith and it came obvious tae mei that Mum couldna cope wae nursing Dad on her ain though Longcroft neighbours were great. I telt Kathleen I wud hev tae find a job that gave mei time tae help Mum, so I sterted in Lyle & Scott Y-fronts scooring hoose working shifts.

Here's mei, worked ootside all ma life, thocht I wud never get used tae daeing the same job day oot day in. I never really got used tae it but enabled mei tae share Mum's nursing o ma Faither. Folks, I hope yea never hev tae dae whit I hed tae dae for 18 months, that's how lang it taen Dad tae die. I washed and shaved him, watched him fading intae a skeleton. Hei called mei the maist foulest names cos I wudna kill him, aye kill. Hei suffered maist horribly and near the end even the drugs couldna kill the pain. Dr. McGregor finally telt Mum and mei jist tae gie him the drug whenever hei asked for it, which wis everytime hei woke up frae snatches o sleep. I wis on early shift the day hei died, I aye went straight up as soon as I finished ma shift, I aye taen a cup o tea up, then hed ma denner efter which I shaved him if hei felt like it. Mum hed tae gaun oot, she went up tae Dad, came doon and telt mei hei seemed tae be a wee bit easier. Efter denner I went up wae het water, etc. tae wash and shave him but he wis free o pain. Got Mum, and jist at that Maria appeared. She came frae Dalkeith tae gie us a break, also I wis going tae phone Dr. McGregor when his car drew up. Hei went upstairs and when hei came back doon said something that's forever planted in ma heid. "James, if your father hed been a horse or a dog both o us wud hev been put in jail for allowing him tae suffer for nearly twae years". Hei wis a great doctor, never suffered fools or dodgers, but if yea were really ill you got mair than 100% attention. Later on in life, when I wis in his surgery, I telt him I still felt guilty in ma mind that I could hev ended his pain easily. The good doctor telt mei that hei wis often in the same position and explained that I hed done richt. I still think I wis wrong.

By now Lorna wis twae years auld and we still bided in Wilton Crescent Lane. I wis thinking o gaun back ootside tae work but I wis making guid wages, also they were a great bunch o fellas in the twae scooring hooses. Then came a bad blow, the Y-fronts hit a slump and maist o us shift workers were paid off. I kent I could get a job on a ferm but knew Kathleen wud never cope wae being oot in the country.

Speaking tae Dod Scott yin day hei telt mei the railway wis seeking surface men and as I had been on the ferm I stood a guid chance o getting a job. Richt enough nearly 90% o surface workers were ex-ferm workers. So here's mei intae anither totally different job. Yince I got rigged oot wae working claes and waterproofs (guid stert) I wis taen up tae Stob's sidings. That wis the length I wis tae work on, frae the sidings richt up tae the mooth o Whitrope Tunnel. Can mind ma sterting pay, £12.10s, a drop frae ma last job but we all worked on Sundays on large relaying work all ower the country which brocht yer pay up. Yea hed tae serve threi years afore yea were a full surface man and got top pay.

I liked the work, plenty variety, made a lot mair new friends, and afore I left I wis taking exams in Hawick Library, Glasgow and Edinburgh, tae be an Acting Sub-Ganger. The rumours aboot Beeching were jist sterting when through a good friend o mine, Bob Short, driver for Elliot the builders, I wis offered a job there as spare lorry driver, spare labourer. It wis a lot more money and I wis getting oot o Sunday working. I also could make money helping the brickies on weekend work.

By now I seemed tae be aye learning new skills. Elliot's wis a large firm.

Maist o their work wis country work, ferm steadings, big hooses, etc. they hed a guid name in the trade. I worked maistly on ma ain, digging tracks for drains, landscaping efter a job wis finished, limbing trees, driving if ony of the drivers were off ill. The ither lorry driver wis Tam Richardson, kent him weel. Hei used tae drive government tractors during the war alang wae Eck Young and crowd. He wis auld Andrew's brother. Elliot's were guid tae mei, paid mei extra for special or dirty jobs. I liked working wae the stane masons best, Jimmy Scott is yin, still living. Best job I hed there wis digging and putting in a plastic pipe doon at the Coille. I hed tae dig richt roond by the paths, also the tennis courts doon tae the fields as the owner did not want any borders damaged or a mess made. I wis there for ages, wis telt no tae carry ma denner, wis fed in the kitchen. Captain, or Major Doughtie, wis the owner. I'm no sure o his rank or how his name is spelt. Jim Elliot wis pleased I got on well wae him as hei gave Elliot's a lot o work. One job I did wis emptying the cesspit at the gardener's cottage. It wis a terrible job, there wis a fault somewhere, that's why it hed tae be emptied.

I wis well paid. Also Major Doughtie instructed the hoosekeepers tae have a bath ready every day at 3.30 p.m. for mei. Every nicht I hed garden produce, baking o all kinds hame wae mei. By now we hed moved intae the prefabs at Silverbuthall. We hed great neighbours there, still keep in touch wae twae.

Efter aboot 18 months I hed word frae Lyle & Scott informing mei that they were expanding and they were contacting ex-workers tae sei if they wanted tae restert. I kent they hed sterted an extension in the auld rugby field next tae the Ministers so there wis nae herm gaun tae see aboot the job. Onyways there was a slump in the building trade, a lot o tradesmen were applying for jobs in the mills. There were painters, brickies, plumbers, etc. already working in the Y-front, Hugh McLeod, Jim Gray and a lot mair.

I wisna keen on gaun back inside but the wages and conditions were very guid. I went hame and asked Kathleen, whae kent I hated working inside. She left it tae mei tae decide - so whit wae moving intae a prefab and Kathleen expecting Mackie I taen the job for the money. It wis anither new job as this time it wis in the Y.F. cutting room, nae shifts, new skills tae learn. Efter the time and study left we were on making guid wages. Also a great bunch o young married and single men and lassies tae work alangside. We moved shortly intae the new extension, all under yin roof. Ma pay wis on line wae frame workers, bluidy hard work though.

Efter aboot threi year things were looking weel for mei. Y-fronts were foremost in the world, seemed tae be a job for life and Kathleen hed Mick aboot now. Then the bubble burst. Yin o the main women's department went on strike, they won, but C.D. Oliver, aboot a year later, announced hei wis moving the factory Y.F. section lock, stock and barrel tae Dunfermline. I don't know the reason why but didna understand why as oor production wis the best o ony underwear in the country. He also announced that nae workers wud be offered a job, jist foremen and forewomen upwards. We all got 6 months notice, or if you left, 6 months basic pay, nae redundancy then. By four months the factory wis nearly empty, maist o the cutting room staff gone. I wisna worried as I could gaun back tae fermwork so I held off tae the end for the money. Soon as the cutting room wis flitted I hed still 6 weeks o ma notice tae work and as the hosiery scooring hoose wis busy I wis asked if I wanted tae work time oot there. I wis learning anither skill there. Johnnie Fisher wis the boss and him and Jake Tamson tried hard tae get mei permanently in the scooring hoose.   Again they were a great, mad crowd tae work wae.

Word came frae Rosyth that they were in a hellava mess, hardly ony production, also wis telt Ella Miller, heid o the cutting section, wis aboot off her heid wae the new workers. It wis nearly at a standstill. I hed aboot threi weeks tae gaun when Ramsey Oliver, whae wis in charge o the new factory, sent for mei. He wanted mei tae gaun up and help Ella oot. I asked him if I would get a job oot o it but hei wudna promise yin so I turned him doon. Tae cut this bit doon they came twice mair, I pointed oot if I went I would miss a chance o a job in Hawick. Finally I wis offered a year's notice plus home every weekend, also extra money. As I wis the only worker left whae hed worked every machine and job in the cutting room I kent I hed them ower a barrel, also maist important I kent the drawings for all the underwear.

I bided wae the bosses in the Queens Hotel. I wis there fir ower threi months. Afore we got it working we burnt hundreds and hundreds o rejects. Wilson (Pawkie) Patterson wis an apprentice joiner wae the 'Coffin King' (Robson's) and hei can vouch for that.

When I returned tae Hawick, C.D. Oliver offered mei a full time job at Rosyth. Kathleen and mei didna fancy gaun so I went back tae Lyle & Scott tae work ma years notice in the hosiery scooring hoose hoping I wud get a permanent job there. Efter a short time Johnny Wallace, transport foreman, came and offered mei the job as a van driver and so begun a long spell in a job I liked. Jeck Milne wis the chauffeur, a great man, perfect pictur o whit a chauffeur should look like. We hed an auld magnificent Bentley for him. Jeck wis the best driver I've ever kent, hei learned mei everything I ken aboot cars. I drove all ower Britain, exhibitions, Open

Golf championships, etc. Jeck and mei also taen material, etc. back and forret tae Rosyth and Gatesheid. Should tell yea when I wis working at Rosyth I used tae walk doon nearly every nicht tae watch them erecting the Forth Road Bridge. Also I must hev done a lot o sea miles in ma van gaun back and forret on the ferry.

Michael wis born but sadly my Mum died when hei wis roond threi years auld. Mum deserved better, thae years o struggling, poverty, death and illness she hed witnessed taen their toll. Every mither whae lived in the West End when I wis a bairn were a special breed, I canna pit intae words whit I felt yince she wis gone.

Back at Lyle & Scott, which wis taen ower first by Wolsey then Johnny retired and Jeck wis made foreman. We got anither great lad, Bruce Lumsden, also a great driver. Then we were taen ower lock, stock and barrel by Courtaulds, a huge international firm. Olivers were oot, complete new management. Jeck whae hedna been keeping weel retired and I wis made foreman but the new bosses wudna give us anither driver. Hed tae rely on spare men, Bobo Oliver wis a big help daeing the Burnfoot factory. Must pit in that we flitted tae Atkinson Road, also I hed anither collie, nearly, in a different style, as guid as Nell.

Efter a guid few years as foreman I sterted tae think aboot moving. The fun we hed earlier at work wis gone, new bosses, time and study, etc. wis souring mei. Kathleen said it wis cos I hed itchy feet, must pit in that I wis still keeping up wae ferm work at Billy and Jean at St. Leonards, Duncan Clark at Greenside Hall and an odd time at Alex's. Efter Mick wis born I gave up the flapping, main reason wis Billy hed left Alex tae stert on his own, and wae Jean I hed happy nichts and weekends helping them. Lorna and Jean hit it off, baith hed the same interest in animals.

A freend o mine telt mei the Toon Cooncil wis hunting for a man for the Road Squad so I pit in and got the job, again a lot o ex-ferm workers worked for the Cooncil then, same as the surface workers on the railway. I sterted wae the Cooncil jist afore the Trades and wis asked tae gaun and help oot the scaffies cos they were short handed. Whit laughs and fun we hed wae the wifies when emptying buckets. Mei, being spare man, went on every beat. It wis great getting back tae regular hours. I wis getting fed up driving at all times day and nicht at Lyle & Scott, no only that, and I ken it's hard tae believe, I only dropped a pound in ma pay and I wis foreman.

Efter a couple o months I wis on the roads and pavement section. Jim Anderson wis oor under foreman. I wis also spare lorry and tractor driver, that's where I hed a shot driving a road roller, also helped oot the fencer on large jobs. It wis grand tae be back ootside again amung fun and laughs. I drove a lorry the first winter I wis there, salt gritter on back, snaw ploo on the front, ma driving big lorries in the P.O.W. camp came in handy. Each lorry driver and helper hed an area o Hawick tae keep clear o frost and snaw. It wis a guid method.

Efter a year the new Local Government Act came intae force, Borders were split intae regions and districts. At the changeover workers were moved aboot tae various departments. Jim Anderson put in a strong claim for mei tae bide in his but tae nae avail and I wis sent tae the Region, the auld Coonty Cooncil roads and bridges alang wae some o ma workmates. Again a new job cos instead o working jist inside Hawick I wis working a ower the country daeing everything frae tarring roads, fencing, mowing road verges wae a scythe, clearing road side drains, etc.

Efter awhile we moved tae a brand new depot doon Mansfield, showers, etc. fitted. Jist efter that Wat Bowstead, the boss, asked mei if I wud gaun roond every street in Hawick and write doon every repair that wis needed and ony suggestions that I saw fit, seemingly it wis fund oot I wis the only yin left that kent the streets. You must remember the auld Coonty Cooncil jist done the main roads, pavements and villages then. I hed a great time daeing this job, worked frae the hoose, wrote up ma notes in the efternoon. For years efter they used ma notes at St. Boswells. I also helped oot at Jedburgh and Kelso.

I loved being spare man there. Wat Bowstead jist let mei get on wae onything I wis daeing, that led mei tae ma favourite job, gaun roond the country wae a wee van mending coping stane on brigs, also checking them, helping tae build stane facing dykes alang the banks o the burns. I wis in ma glory seeing a the wildlife, blethering tae country folk, also I didna mind working on ma ain.

In oor new depot Wat gave mei the job o organising the interior. I arranged the tool department, where lorries parked, machinery, built screes, ordered mat, also in charge o the diesel and petrol tanks, plus I hed a wee van tae dae odd jobs. Mr Miller asked mei if I wud take this job on permanent. I said o.k. but when they put it tae St. Boswells they turned it doon. I still carried on as I liked the work. I mind in aboot the 1980s twae men were daeing it full time.

Aboot a year efter, Jock McLeod, the fencer wae the district, came tae mei and asked if I wis interested in gaun fencing wae him as now hei hed Jed,

Kelso and every village in the District tae renew or repair wae fences. I hed worked wae Jock on big fences afore the change ower and we got on weel thegither. I applied and got the job but hed telt Wat whae wisna very pleased wae Jock for poaching mei. Afore I leave this part o ma working life I'll tell yea I could write pages o the fun we hed alang wae Copshaw, Jed, Kelso Region workmates, but the maist fun I hed wis wae the Hawick crew. A lot o worthies, a guid boss in Wat, I sure learned a lot amung them and I wis a bit vexed at leaving but wis getting a bit mair money plus, and a big plus, Jock and mei were mair or less gaun tae be oor ain bosses, travelling tae every village, fencing, dyking, draining, building walls. We turned oot tae be twae real jack-o-all-trades. I now wis in a job that I bided in till I retired.

A wee word aboot Jock, as him and mei worked thegither for ower eleven years. Jock wis a real worthy, kent frae Hawick, Yetholm and every wee village, and working wae him wis never dull. Amy and him came frae the Bowmont, Yetholm area. Amy wis a great lass, hed tae be as Jock could be a heller when hei got in amung his cronies. Their highlight o their time in Hawick wis when Margaret, their lassie, wis Cornet's Lass tae the fellow Broon. Funny how things turn oot, Cornet Broon's faither, Billy, used tae help mei oot wae the milking. Hei died suddenly afore the Common Riding. There are coontless true stories aboot Jock as oor great bunch o lads in the yaird can vouch for. If hei wis in the richt hei didna care a bugger for onybody. Alas in this modern time worthies are a vanishing race. I got Jock's job when hei retired. Efter yin or twae lads I got a guid yin, Andy Clarkson. I admit I could be an awkward sod tae work wae but Andy and mei got on weel thegither.

ODD JOBS

I worked for masel for a year or so hervesting, draining, fencing, etc. Also when the bairns were wee worked in Mitchells sorting oot the paint store. Billy and Jean rented St. Leonards and I helped them oot for years, also helped oot Duncan Clark whae managed Greensidehall Ferm. Ither ferms where I helped oot were Pilmuir, Crumhaughhill, Flex and at Greenbraeheids. I helped tae build private hooses, maistly digging and laying drains, papered folks' hooses, cut gardens, built drystane dykes, fenced, limbed trees, also done beating an odd time. Reading ower this nae wunder ma family reckon I'm ower a hundred years auld. I ken I look it but never hev I felt it!

I liked all ma jobs, only twae hellish bosses, never hed ony regrets except, and only ma family can answer this, that working long oors and weekends tae bring money in, I wish I hed taen them oot mair often.

Looking back ower the years oor hooses were aye full o happy and funny times, no a lot o money but there wis a family in the truest sense. Now is the time tae give Kathleen her rightful place. She wis the anchor, nae man could hev hed a better partner and I'm proud tae say I've handed every penny I've earned over tae her wae nae worry how it wis spent. Her only fault was, and still is, that she is a wee bit soft hearted, where I wis rigid in the belief that ma family came first and woe betide onybody whae tried tae herm them. This led tae some hellava rows wae Kathleen's family. They hed never met onybody like mei, they never really accepted my way o thinking. Suppose it wis ma upbringing that made me so fiercely protective o the family.

I'm 68 years auld now and I still work at odd jobs, also walk a lot, sketch auld pairts and streets o Hawick and the Borders. My highest honour wis when I wis asked tae be a Cooncil Member o the Archaeological Society.

CAUSEWAY END, ANGROUG

FROM OLD PHOTOGRAPH

J. McEWAN (EDLANDINK) 1995

ENTERTAINMENT FRAE 1940s

Reading this you bairns must wonder if yer Dad hed ony time for hobbies or fun - well, I made time. I've telt yea aboot ma poaching when I wis in ma teens. It, tae mei, wis a sport, plus providing food. Nell wis ma main way o heving fun, same as the horses I hed for following the Cornet, played odd games o rugby during and efter the war, unofficial yins. I also loved country dancing, wis in the Cow Club. Hawick hed plenty dance halls then, the yin where maist teenagers went tae learn wis the Palais or, as it wis kent then, 'The Pally'. It wis underneath the picture hoose and they were very strict in the rinning o it. Efter each dance an attendant marched up and doon the middle keeping the lassies and boys separate. It wis at the Pally I met ma long life pals, sadly jist Dick and mei left. When I drove the Germans the main ferm I worked at wis Hoptone at Ancrum. Rolland Nimmo, newly demobbed frae the Navy wis learning tae manage it, and hei wis captain o Jedburgh so I played a few games for the 3rds. We all went tae the various village dances held efter the whist drives. Sometimes got a taxi but maistly could mooch a lift though gie often hed tae walk back.

A guid wee story aboot a dance at Cogsmill that I wis involved in. Fower o us wis offered a lift up aboot 9 p.m. frae Barrie o Berryfell, met him in the Bridge Bar. Barrie dropped us off at the Hall, there were men standing aboot heving a nip or a bottle o beer, nae drink selt in the Hall, and they telt us we wudna get in as it hed been a big whist drive and the hall wis packed. We wud hev got in but Wull Henderson's wife wudna budge and she wis in charge. We hung aboot for a bit then decided we wud hev tae stert walking the six miles back tae Hawick, but I hed an idea tae get oor ain back. Cogsmill Hall hed a potbellied stove and the iron chimney stuck oot the back, so I pulled a divet oot the burn side, got a doox up frae ma mates and stuck it on the top o the pipe. We then run like hell and hid at the brig. We didna hev tae wait long till the doors burst open. Whit swearing we heard, also coughing wae the reek. We taen tae oor heels laughing a the way hame. The Cogsmill folk efter a month or so forgave us but we were banned for ages.

The P.S.A. wis oor regular Friday and Saturday nicht meeting place. We played billiards afore we went tae the pictures or the pub. I wis never very guid at billiards. Gordon wis the best, Billy, Dick and Tam were guid. You could play ping-pong, dominoes, booling at the P.S.A. Davie Stavert kept us in order. The P.S.A. rugby team trained amung the claes poles on Under-Haugh.

We hedna much money so we usually went tae second hoose o the pictures efter the P.S.A. The 'Wee Thea' wis the best for laughs. A guid story aboot a nicht there, we aye went intae the 'Gods', it wis the cheapest, the seats were wooden. There wis aye twae films on and this nicht there wis a richt lovey dovey yin afore the main yin. The attendant hed been up twae or threi times warning us for making a noise and for thrawing paper pellets. Hei hed a withered airm and boys being cruel called him 'Wingee'. I wis sitting next tae Gordon and noticed hei wis gripping his seat wae baith hands. I whispered if hei wis feeling ill as his face wis screwed up. Hei shook his heid, then came a scene in the film where the hero and heroine were muttering sweet words o love. The folk were silent lapping it up when a sound like a machine gun ripped through the 'Wee Thea'. Recalling this ma een are full o tears. Gordon, needing a fart, held on till the richt moment then lifted a cliff and it rattled off his seat. It taen aboot 15 minutes for the folk tae stop laughing and tae croon it the boys behind us were blamed.

Summer time wis dooking time. The Dunk, we dived off a large rock called 'The Elephants humph', Scatterpenny, the Barrels, the Spetch were oor regular places. Cycling, mony a run we hed wae auld bikes, Allan Water wis oor favourite. Hawick hed a lot o dance halls when I wis in ma teens. Winter nichts I hed ma sketching. Mum wis gie hard up yin week and she taen some sketches doon tae Bert Leishman's. Got aboot £5 for them, selt them for around 5/- tae 7/6d each. Bird watching I liked also. Worked wae the flappers for ower 30 years but I stopped flapping efter Michael wis born except for an odd time, I missed the horses a lot.

In 1956 Tam Hinton asked mei tae help oot wae the P.S.A. rugby team alang wae Billy Irvine (Bald Eagle). I wis match secretary, then for fower years secretary, during which, alang wae Robin Charters, Eddie Gilchrist, Jake Grant, etc., also wae the help o the players, we built the pavillion. Happy years! Yince the club wis on its feet I taen up refereeing. I hed many, many great times wae my spell connected wae rugby, made friends all over the Borders. Later on I wis yin o Bill McLaren's Co-optimists for helping oot him wae the Saturday mornings Primary Schools. Hawick rugby owes a lot tae Bill. I also was and still am a keen gardener. Love hill walking on ma own, but ma main hobby wis the family. Onybody reading this I hope yer bairns turn oot as guid as mine. Mind yea hev tae marry the richt lass which I did. We hev hed oor rough times but yer Mum never complained, 40 years later she still disna. We hev seven grandbairns, twae smashing daughter-in-laws Karen and Liz, and a son-in-law whae hes aye pit his family first. We are a lucky auld couple.

BILLY CAVERS

Yea will hev noticed how often Billy's name appears in this. We kent each ither frae I wis 9 or 10, hei wis fower years aulder than mei, yin o a large family. Billy died in (1986?) I will aye miss him. We worked thegither frae 1941 right tae efter the war and got on weel thegither, nae petty arguments, respected oor different talents, loads o fun, hated the conditions we worked in. Billy drove an auld tractor frae an early age. Tae mei hei wis yin o the best and as I loved working wae stock we blended in weel. When I think back Cavers wis a lucky bugger.

When Billy wis asked tae be Cornet hei telt mei hei hed went tae Cavers whae said hei wud help oot or get somebody tae help mei. Hei never did, so a lot o extra work fell on mei. Cavers then made it worse cos hei followed on the Saturday, so I hed tae dae the Tuesday rideoots and efter Bonchester. Hei docked an efternin's pay off mei though I wis working frae 6 a.m., then working late efter the rideoot. I handed in ma notice but I dinna ken whit happened as Cavers gave mei the money and said it hed been a mistake. Think Granny and Lizzie hed been at him. I loved the Tuesday rideoots, mair fun. Billy tae mei wis the best Cornet I followed, mind you I wis biased.

I hed left Cavers when Jean and Billy rented a pairt o St.Leonards ferm. I kent Jean through Billy, also she wis the best woman flapping jockey, hed a guid horse o her ain called Wildfire. Billy asked mei if I wud help oot at busy times. I wis aye gaun tae kenning they hed nae spare cash at the stert. Billy and mei at weekends went ower the Border ferms collecting young calves which Jean hand-reared. She was and still is the best stockwoman I've kent. Naebody kens as weel as mei the lang, lang hours o hard, hard work they twae put in. Sometimes no a penny tae spare for basics.

Efter awhile they rented mair o the grund, and Billy left Cavers, and ower the years got ontae their feet and sterted tae make plans tae retire. Then tragedy struck, Billy became ill and died efter a lang ficht, life is no fair. Jean is ferming on, we keep in touch. I miss the blethers ower a cup o tea, the fun frae Billy, how guid they were when Mick wis ill, they used tae include mei in their plans, how Jean taen tae Lorna, also how worried they were when Kathleen taen ill and how she coped wae Billy's illness.

'WORTHIES' THAT I MIND O.

Maist o them hev vanished frae the West End, due I suppose tae the television, etc. Worthies when I wis a laddie came frae all walks o life, but maistly frae the working class, though I wudna pit ma auld boss Cavers doon in that class. Alex wis a worthy, there's nae doobt aboot that, men and wifies still tell stories aboot him. Hei wis a true Guitterbluid, could hev bought ony big ferm but wudna move. Suppose now, except frae Pop, Eck Young and Etta, I'm the man that kent him best but it wud take a book tae tell his life story. I kent hei wisna a fermer in the truest sense, a dealer wis a better description. Hei bent the law, bribed, cheated and lied and I'm sure if the war hedna came hei wud hev remained a wee fermer. In his favour there's not a lot, except in his later years hei wis guid tae the auld West Enders, also afore ma Dad wis confined tae bed wae cancer Alex taen him tae sales, race meetings, etc., also gave him money for fags and betting.

I've mentioned Peter Adamson and his sister, true worthies. Jimmy Edgar whae kept us kids enthralled wae his war stories, Laura Bennet and her shop wae a the cats, Mag Burns and Jess McVittie's tripe and toffee shops, Mrs Thorburn whae smoked her clay pipe upside doon and whae we thocht wis a witch.

The auld mans seat wis full o them, auld Bev, J.Y. Scott, Jocky Biddle the Vertish Ghost. Caddies hut wis full o them, Danny Shanks, Peeky Scott, Moudy Scott, Barney Berridge, 'hoar-the-boar' Oliver, Jock 'the roarer' Elliot. Sam Corbett gave mei this information, golfers hed tae pay 1s10d (6p) for a caddie, golfer usually made it up tae 1s30d tae 1s6d. Anither worthy wis the 'Jerry' whae looked efter the pigs in Hendry Kerr's. Wull Bev whae I've telt yea aboot wis anither yin. George Robson the poacher, there were dozens, aulder folk than mei could name them better. Later years Davie Dixon, sheep dog man, wis a richt worthy; a man we called 'apples-apples', hei selt fruit off a cairt; the 'singing fool', hei selt ice cream cones, we called him 'ices –ices'.

Must mention a thing I've jist minded aboot Alex. I wud be only a year there when Alex wis telt tae stop smoking, hei smoked forty tae fifty a day, stopped in yin day.

WEST END HOUSING SCHEMES

As I gaun roond Hawick I sei signs saying yea are in a Neighbour Watch Scheme. They brocht back tae mind when we flitted in 1939 tae Longcroft. I wis eleven and didna leave it till 1954, we didna need ony signs cos we hed real neighbours, canna mind o onybody getting mugged or robbed. Mind we lost oor back door key early on and never got a new yin. Baith Greenheids, Longcroft, also Crumhaugh were maistly for large families, so there wis dozens o us bairns in every street. We got jammy pieces frae wifies, got comfort if we fell. In guid and snawy weather we played in the streets till bedtime or derk. I can mind in the summer adults sitting ootside on chairs blethering, the lassies playing hooses, beds, skipping or looking efter their younger brothers and sisters. Big skipping groups used the road, beds on the pavements.

I mind o 'store book' time, everybody helped oot them that hedna the cash tae square up. Mum, as I've said, wis the wifie maist bairns ran tae. I can mind o bairns being kept in oor hoose, in fact Margo Muir wis and still is yin o oor family, she wis aye ill when she wis a bairn, great pal o ma sister Marie.

Mum like a lot o wifies taen in lodgers. We hed the steeplejacks whae built Turnbull's chimney. Yin thing we hed in oor street wis pipe music. Efter the war Peter Borthwick used tae play ootside, then there wis Keenen Hogg and Marie ma sister. I believe she wis the first lassie piper in Hawick, Bob Short taught her. She wis also World Highland Dancer, won it efter Anna Scott held it for years, Marie wis her pupil. Anna organised concerts for the troops. Mind Billy Hodgin's singing, Billy no lang retired frae being a bookie, he wis the best rinner I've ever seen.

There wis rows between neighbours, wifies shouting at their drunk men but naebody seemed tae carry a grudge. Wifies could gie yea a telling off and if yea telt yer Mum maist likely you wud get a dad-on-the-lug. Ony family that wis really doon neighbours pitched in tae help. You must keep in mind that real poverty wis rife, maybe no as bad as the early thirties but bad enough. We wud be getting ontae oor feet when war taen oor wage earners away, also marriage, the money intae the hoose dropped, so yince again we were back on the poverty line.

Onyways the memory o Drumlanrig Place and Longcroft Crescent wae their neighbours will aye live in ma mind till the day I die. There wis nae place on earth tae compare wae Hawick's West End and its folks.

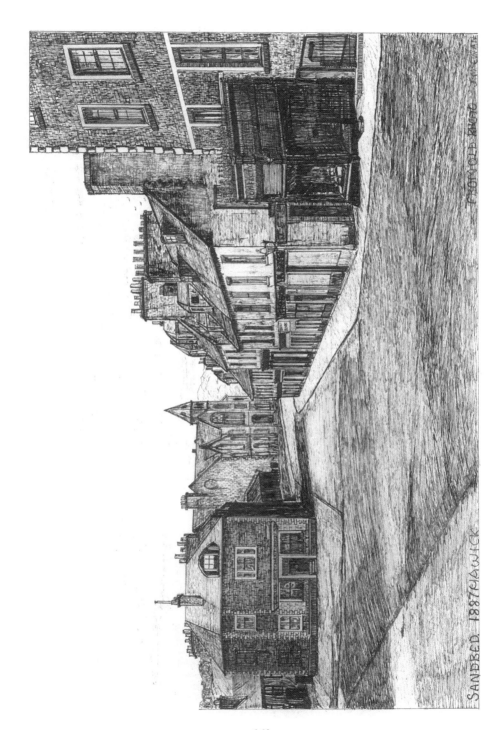

SANDBED 1887 (CAWICK)   PHOTO OLD PHOTO

SHOPS IN MY WEST END 1930-1954

As a school laddie, tripe shops, the Co-op, sweetie and chip shops were yins I hed maist tae dae wae so maist likely I'll hev tae speir frae auld West Enders tae get their early owners. I'll try and mind o them sterting wae Lizzie Cavers fermer's wife, (Alex's) chip shop, the famous tin hut. She also selt fags, sweets veg., etc., it didna open afore 11a.m. as Lizzie could be selling chips tae efter midnight. Jock Thorburn used tae get the tatties ready every morning, efter Jock came a fellow called Bud. Ken, I never kent his last name or it's slipped ma memory.

Next nearest chip shop wis Johnny Bertoli's, richt on the corner o the Loan and Beaconsfield, left hand side. Turnbull hed a barber's shop there efter the war, it wis pulled doon tae make the corner easier for cars. True story aboot Johnny, for all the years hei bided in Hawick hei never taen oot British papers so when Italy joined the war Johnny, alang wae a lot o Italians, was sent ower tae Canada and pit intae camps. Wonder whit damage the Government thought auld Johnny could dae. Jimmy Scott wis a sodjer guarding them on the boat, Jimmy wis a neighbour in Drumlanrig,

Maimie's son, Jimmy, reckoned when efter the war we heard Johnny hed died in Canada, it wud be wae a broken heart.

Next chip shop wis in the Howegate, Gustoes (Nardini's), yin o the busiest, hed a cafe forbye, selt ice-cream, fags, etc. Yea went doon the close if yea wanted chips only. Across frae Gustoes wis Tam Kennedy's chip shop. There wis yin in Silver Street tae. A faint memory thinks Tam, or wis it Jim Kennedy flitted frae Silver Street tae the Howegate. Onyways Kennedys wis renowned for its guid chips. Them yins in that area done a roaring trade, sodjers and folk coming oot the pubs and dances.

Back up the Loan on the corner o Drumlanrig Place wis Mrs Cairniecross. I can jist mind o grey heided women in it but Mr & Mrs Oliver hed it for ages. They selt everything, their main draw wis they wud sell wee packets o onything. Mr Oliver used tae make wee cone pokes fir sweeties, etc. Also on yin wa wis a huge bookcase, it wis a lending library, done a lot o business, think the books were stamped wae Drummonds name inside. I wis in Cairniecross's last year, first time for years. I wis amazed how wee it wis, us bairns thocht it wis huge. Every wee shop allowed tick, hed tae, kept a book for each customer. Mind mum saying they were angels. Funny I sei I still call it Cairniecross's in 1994!

On the left hand side at the end o Drumlanrig Place wis oor Post Office come shop. It wis named the Loan Post Office, now been turned intae a hoose. Everybody that could manage used the Post Office tae save, yea could buy 2/6d stamps for yer book, couldna draw oot a large sum, ower toonty pounds, unless yea gave them a week's notice. I wis telt there wis a wee chip shop door frae the High Level in Green Terrace, it wisna there when I wis a laddie.

There wis a hoose on the Loan doon frae Donald Lunn's mum and dad, on the richt hand side gaun doon where a woman made taffee. We called her Jess the Reeker. Edgar and Mick Halliday's mum and dad bided near it.

Next shops, yin at the moat gates (wonder where they went, lovely iron work - war?) and Mrs Johnstone's opposite, hairdressers there now. Bert, her son, wis a guid pal o ma brither. Bert drove taxis all his life for Croall and Bryson's. His mum's shop, like the rest o wee shops, selt everything. The shop at the gates, I canna mind whae wis in it when I wis a laddie, I ken Zelby Hogg wis in afore hei flitted tae the corner shop at Green Terrace, also Alex Caver's brother John came hame and done it oot. Hei wis a joiner tae trade, went abroad as a young man, ended up clerk-o-works when they were dismantling Stobs Army Camp. Sam Edgar worked for him.

Still on the richt, opposite the chip shop, the maist famous shop in the West End if no in Hawick, James Henderson licensed grocer. Provost, Billy's Acting Faither, barrow fermer, wheeler and dealer, a richt West Ender. Rumour hed it that the toon cooncil meetings were held in his back shop. Telfer, the butcher, wis next door, anither yin the ither side. Across the road, opposite Bertoli's wis anither sweetie shop. Bottom o Gledstane Street wis a large bakery. Across frae it in Myreslawgreen wis Slattery's, selt everything, papers tae. Alang frae it wis oor famous West End store, great place.

Alang frae it on the corner wis oor only claes shop, Clarkson's. Hes grandson Andy worked wae mei fencing, guid laddie. Opposite Clarkson's wis anither wee shop, sweeties, etc. On the ither side, again on the corner, bottom o Green Terrace wis Zelby Hoggs, sweeties, etc. Yin word aboot Mr Clarkson, hei wis a packman, yin o the twae that came tae oor hoose, the ither yin wis Fazeldin's faither, hei wore a turban.

In the square there were shops, pubs. Yince Bowie hed a smiddy there, joiners, all first floors were shops, yea could get onything there frae drinks tae aspirins. Howegate wis the same plus Silver Street, fer ower mony for mei tae mind them all. Oor regular yins excluding tripe and chip shops, jist minded there were twae Kennedys whae hed chip shops, yin in the Square and yin in the Howegate, Tam and Jim. I've telt yea aboot Laura Bennet's 'open all hours'. Law the barber, Gilroy's, there wis Lunn the butchers, no Donald Lunn, Storrie the china shop, Mungo Wilson grocers, corner o Silver Street, Crosby the baccy shop, Armstrong the green grocer.

I'll leave this page until I can speir the rest frae Rob Beattie, hei's ower eighty wae a guid memory, but afore I dae I'm pitting doon the sweeties that wis popular in ma days; ogo-pogo eyes, soor plooms, spearmint chews, X-L chewing gum, aniseed balls, sherbet dabs, cinnamon sticks, sugar-ally, tiger nuts, halfpenny or a penny's worth roond the coonter, bubble gum and dozens mair. I hope onybody whae reads this wull pit their thochts and stories doon aboot oor West End afore it's ower late.

I've jist fund oot that there wis a chip shop owned by McNamara's at the Stainey Brae where Telfers the blacksmith was, this wis late 1920s.

RAILWAY, STOBS LENGTH

Reading ower this scribble I seemed tae hev glossed ower the time I worked on the railway. Afore I retired I worked a lot up at Copshaw and every time I drove up the valley it brocht back memories o the twae years I worked as a surface man (the lowest grade on the railway). I hed a wee blether a while ago wae Jock Hope (his son wis a Cornet). Hei is maistly confined tae the hoose now (1995). Jock wis ganger for the length, north o us, then went on tae be an Inspector. Jock wis and is a richt clever man, gie droll. He wis kent weel fir his wae o addressing the workers regardless o age - "hi lad". Jock reckoned I wis among the last o the surface workers. Folk didna realise how mony folk lost their job when the line wis closed.

Oor length, as I've put doon, wis frae Stob sidings tae the Whitrope Tunnel. Each pairt o the length hed its ain name, Primrose Cottage, Pig and Whistle, etc. Oor ganger wis Rab Turnbull, a richt worthy. His son and him went ontae the scrap merchant business efter the line wis shut doon. His grandson now rins it doon at Peffers Yaird. Rob and mei got on weel thegither.

As oor pay wis only £12.10/- I hed tae work every Sunday, maistly track laying, daft as they closed doon the line couple o years efter I left. We hed twae stations on oor length, Stobs and Shankend, the station maister at Shankend wis Mrs Grieve, a lot o Grieves worked on the Stobs line in various jobs. Stobs, Shankend and Hassendean Stations were aye among the prize winners for the best kept stations.

Oor length wis a wild yin, no as bad as Whitrope tae Riccarton, no sae bad efter Steele Road. My first winter wisna ower bad, though we hed tae take turns wae flame throwers tae keep the points free at Stobs sidings, we hed a signal box there. Oor bothies were built wae sleepers wae a huge fireplace that taen up yin end. Pilots made sure we hed plenty coal, the firemen couped the big lumps ontae the pad for us, saved them breaking them up. We werna allowed tae work oot in heavy rain or high wunds except in an emergency. Some o they auld buggers on the length wud hev made guid weather forecasters, they aye seemed tae be nearest tae the bothy when the weather broke. Should mention that diesel engines were coming in for passengers, they were bad tae hear but we kent their times weel, plus we hed flagmen and detonators fixed on the rails.

Mind yince Wull Stoddart (Black Wull), when daeing flag man on a warm day, fell asleep on the banking. We were aligning rails, hed jacks in operation when the detonators went off, we all dived ower the banking, miracle naebody wis injured. It wis a bonus train not a regular yin.

I've helped tae renew fish plates (plates that joined the rails) inside Whitrope Tunnel, fish plates didna last long due tae the wet conditions. There wis a lead cup hingin on a chain aboot the bend o the tunnel. The auld workers telt mei that the water which came oot a lead pipe wis guid for yea. I tried it - it tasted hellish. Yea got 50p extra if yea worked on anither length, denner money. There were nitches cut intae the wall o the tunnel. Yea hed tae gaun in them if the horn wis soonded for a train coming. Yea'd draw lots at local holidays tae sei whae wis gaun tae check the track fer loose keys (keys were oak wedges tae keep the rail tight agin the chair). I done it yin Common riding, walked tae Stobs Signal Box, gethered ma tapping hammer, bag wae spare keys, etc., checked right up tae the mooth o the tunnel on the doon line, back daeing the up line tae Stobs Siding. Yea hed tae check intae every signal box and the twae Stations. I then stripped off ma overalls, guid claes underneath, and walked ower by the hills tae join Kathleen and bairns at the Moor, Malcolm hed newly been born.

It must hev been the late 1950s when yin Saturday night I hed jist got intae bed, efter a couple o pints at Gentie's, that I wis called oot. There wis a huge landslide jist sooth o Copshaw which hed blocked the main lines. All the length men plus the flying squads were called oot frae Carlisle and Border areas. When we arrived by lorry yea could hardly sei owts for torrential rain, plus it wis aboot yin in the morning. The landslide wis aboot fower hunner yairds sooth o the Station. Lot o men were working, hand clearing till J.C.B's came frae Carlisle. The rain stopped but then the famous Copshaw midges came oot, we were driven mad, some men in tears trying tae shovel the mud and keep them at bay. I went back tae the station, got a hat and big bit o cloth, soaked baith o them in diesel, pit them on, diesel wis rinning doon ma face and neck. I wis stinking fer days efter, it worked though. I'm no telling lies aboot they midges, they nearly brocht the operation tae a halt. Onyways we hed baith lines opened by daylight. Copshaw folk turned oot tae help make tei and pieces for us at the station, shops opened tae supply breid, etc. I dinna think the rumour was true we heard later on that some shops made a huge profit, Copshaw folk are no like that!

Afore I leave Copshaw, by the way ma ancestors the Green Ogilvies came frae there, traced them 200 years back through the Lambs, so yea sei how I've aye hed a soft spot fer the Home. A wee story - ma boss at Hawick, Smithie, asked tae sei mei. It wis tae stert at Copshaw wae a twae wheeled hand held Allan Reaper and tae cut as much as I could baith sides o the line doon tae Hawick, due tae the shortage o scythe men and bad weather, the mowing hed fell ahint. I wis telt a brand new reaper wis up at Copshaw, plus I wud get a flag man there. Guid extra money for mei, so I taen off on the school train, this wud be in June. When I reached Copshaw the ganger telt mei tae hev ma break while they brocht the reaper up wae the lorry. When it arrived I taen yin look at it and asked the ganger where wis the new yin, typical Copshaw, I hed tae laugh. They hed been cutting roond the fitba field, also wee bits o fields where the tractor reaper couldna gaun for hay, whit a set! As I never let dab aboot this I wis, efter that, aye made welcome. Also all the way I cut extra grass at the stations as a lot o the workers kept goats or sheep. We hed a motley gang, a kinds, Spud Tamson, Sandy Anderson whae hed a Country Dance Band, Rudi Drabner oor lorry driver, kent him weel frae Wilton P.O.W. Camp. Sorry tae say I canna mind them all.

I liked railway work, guid in summertime, made a lot o friends ower the ither lengths. It wis a blow when I wis telt it wis gaun tae close in a few years. There was a lot o worthies working on it, guid laughs.

I wis gaun tae pit doon the times I wis in the famous Riccarton but I sei there's a lot guid books oot now aboot it, far better than ma scribble.

Mind Auld Mother Riley chip shop? Well her son, or son-in-law, wis the Station Maister o Steele Road, yea can get tae Riccarton frae there now. Yin Sunday we went tae Peebles, they were relaying the branch line wae the new sleepers, made wae concrete. They closed it doon no lang efter it wis laid. I heard that the painters were painting the station when it wis closed and they were allowed tae finish it. As I've said afore I wis content tae make the railway my last job but the Beeching Report pit paid tae that.

Afore I forget, there wis a railway worthy whae I briefly mentioned, Dod Scott. Hei helped us oot wae the sheep and stock, kept a few sheep on the rough grund sooth o Whitrope tunnel. His first dug wis the faither o Nell, but Dod got the pick o the litter and yince at Hawick Agricultural Show it won the best looking collie and naebody wud believe Nell and it were sisters. I dinna ken how Dod's family pit up wae him cos I'm sure they never seen much o him, hei wis daft on sheep. In later years hei got grund up the Wellogate, can mind how hei loved working there. Hei also grew a lot o tatties abin the allotments for auld folk. Him and mei got on weel thegither. Dod wis a richt Fisher Avenue worthy.

ALEX CAVERS LOANHEID AND HAGGIS HA FERMS.

Now onybody reading this wud think that Alex wis a very bad man, that's wrong, his fault as I look back ower the years wis hei made money his God. Naething wis allowed tae stand in his way o that ambition. Hei hed nae scruples, hei obeyed the law if it didna interfere wae his plans. Hei wis a very astute man, and that's being polite, very forward looking, held his ain wi the best o dealers, nae conscience, hed a very nasty streak that came oot now and again. I suppose that fits maist fermers in the thirties. Yin true story that Sam Corbett brocht tae mind wis tae dae wae Dod Tinlin, a hind wae Alex before the war, whae came the May term. Alex wis hiring a new hind, Dod and family hed tae get oot their tied hoose on the Loan, naewhere tae bide, hed tae flit intae Sam's faither's byre till hei got a couple rooms in Hawick.

Alex aye seemed tae be yin jump ahead o the ither fermers. Hei kent that as soon as the war wis ower Stobs wud never last as an army camp. We did keep a number o pigs richt up intae the 1950s. I collected swill frae schools, hotels, factory canteens, etc. Cavers also bought the wee tatties frae the big tattie ferms doon by Kelso but new rules also came oot, mair strict than war time, though I must say oor pigs got a guid name at the slaughter hoose. We did try breeding sows for awhile but they needed a lot o work. I can mind Billy and mei dancing wae joy when the last lot o pigs went.

By then Alex hed bought Greenbraeheids, maist o Hilliesland, and grund up the Wellogate, and for aboot twae seasons, except for the dairy, Billy and mei fermed like the average fermworker. The fields at St.Leonards by now were back intae grass parks, we hed yin or twae but now we hed a great herd. Johnny Turnbull, his wife, also is a great lass, she wis guid tae mei. We now hed a lot o sheep and cattle, the threi o us were a great team, helped each ither oot. I looked efter the stock at Haggis Ha and St. Leonards. By the way maist o Alex's grund at the West End wis Buccleuch's.

I mind Johnny's faither flitted intae Crawbyres Cottage. He wis in his 80s, great for mei as hei hed been a dyker, taught mei when I wis mending the dykes on the place. When hei wis a young fellow hei hed built the dykes ower by Linhope and Mosspaul - some monument tae him. I think hei wis 92 when he died, wonderful stories hei telt mei, a great man.

Next venture Alex got intae efter the war, kenning golf courses, etc. wud be open again hei pit adverts in Glasgow, Edinburgh, etc. papers for grass cutters o ony description, also bikes. Billy and mei travelled everywhere wae the van collecting them, repaired them, so did Tammy Horne, advertised them and within a year selt them. Also selt the cars hei hed stored at Haggis Ha. He hed bought them when the war broke oot.

Next venture wis hens. Alex hed bought Haggis Ha cottages, then later on hei bought the rest, stables, hay shed, etc. that Wullie Turnbull o the High Level hed for his horses. Wullie moved tae Rosebank stables. Alang wae the Haggis Ha stables there were twae wee fields which we filled wae hen hooses. Mind they hed runners on them so yea could move them tae fresh grund, Alex looked efter them. Then hei expanded again, bought ex-airmy Nissen sheds and we put up twae at Greenbraeheids and we were now intae deep litter hens. Mrs Turnbull helped wae them. We also assembled a Nissen hut tae store implements. Just afore I left him hei went intae battery hens at Loanheid ferm. Jist minded we went intae hatching and rearing for a short time in the cellar at Loanheid. Efter I left the second time Alex lost his dairy licence. Tom, Dick and Harry were daeing them, laws became stricter, herds hed tae be tested agin T.B.

Next large money maker efter the war came through the Common Riding. Alex seen there wis a gap in the market for lads whae couldna get a horse, so yin winter time Billy and mei, wae help, gutted all the cottages, concreted the flairs and built loose boxes. Alex scoored the countryside for hacks which hei rented oot tae followers. The first year Billy and mei looked efter them, but that held back oor ferm work, so efter that whaever hired a horse hed tae feed and look efter it themselves - yin thing hei done, ony lad winning a race hed tae gie the prize money tae Alex. A great number o horses and ponies went through oor hands ower the years. His grandson Bruce still carries on whit Alex sterted. We also used some o the now empty pig pens, also the stables at Loanheid Ferm. This wis a real money spinner as the Hawick lads got them fit for Alex, whae efter Hawick, hired them oot tae every Common Riding in the Borders. Efter a the Common Ridings were past Alex hed folk whae taen them for the wunter, some came back gie thin but hei didna care. Hawick lads were guid tae them. I suppose Alex did the Common Riding a favour but it sure made money for him.

We also hed threi flappers, but funny enough he wisna interested in making money oot o them in later years, jist wanted the glory o them winning races. Hei even ventured for a short time racking under the rules in Lizzie's name.

I've telt yea we bred pigs for a short time, when Alex wis younger he bred ferrets, he also bred Pekinese, mind the names o the dug and bitch, Minnie and Boy. Hei taen them everywhere yince hei got a car, yelping buggers, Nell hated them.

Yin story I must tell, it wis when Etta, his lassie, got married. The reception wis held in the Crown Hotel. Now it wis a large wedding, Etta being the only family they hed. Efter the speeches and denner wis ower the dancing sterted, and Lizzie telt Alex hei wud hev tae gaun roond the guests and ask them whit they wanted tae drink, him being the bride's faither. Now Alex, a the years I kent him wis a teetotaller, hei didna want tae gaun roond so hei got the waiters tae dae it. That wis a big mistake cos when they came asking us whit we wanted and telling us it wis frae the bride's faither, well, even teetotallers asked for a drink, ithers asked for doubles, some got chasers, remarks were passed that it wis the first chance and maybe the last tae get a free drink off Alex. Months efter it used tae come ower him aboot the size o the bill for that roond.

Wae us heving mair grund we raised oor acreage o turnips and tatties tae supply large wholesalers. There was hardly a week went by withoot a lorry coming in for up tae 5 or 6 tons o turnips or tatties, all loaded by hand. We still hed oor twice weekly shop run wae carrots, leeks, etc. which came frae the Carlisle area. Alex wis yin o the first tae join West Cumberland Fermers, that's where a oor corn, barley, etc. went. Telt yea hei wis a forward looking man.

As I've said afore hei never grudged feeding, hed a tractor lang afore ferms his size, aboot the first tae pit rubber tyres on oor tractors, amung the first tae buy the new Ferguson that stood ferming on its heid, and finally killed the horse off. No only that hei bought every Fergie implement on the market, saw battery hens wis gaun tae be the money spinner. He also went efter every bit o spare grund and fields that came on the market, plus wae Johnny the herd being a great stock man, hei sterted tae buy guid ewes and gimmers. At last I could haud ma heid up at the Sales, nae mair rubbish tae sneak oot. Hei saw that yin day they wud need his Wellogate field for a cemetery, and lo and behold in last week's Hawick paper it hes come tae pass.

Alex as I've said wis a true West End worthy, what mair can I say, hei did make a lot o enemies and very few friends. I hed some very serious rows wae him, maistly ower money and his cheating, but in a funny sort o a way I respected him. We became friends in my later years but I telt him, when yince hei asked mei tae work for him again, what I thocht o him as a boss.

There are hundreds o true stories aboot him but for his family's sake and mine I'll not put them in print. Every West Ender that kent him hes a tale tae tell but I reckon there's only threi men left that kent him weel, Pop Cavers, Eck Young and maself. His ambition wis realised when his horse won the Tradesman, its name wis Legend.

I promised masel tae try and mind the names o men and boys whae helped oot on the ferm. As I've pit doon afore nearly every laddie in the West End yin time or anither helped or hindered us. There were regular laddies, then some whae helped oot at haytime, tattie lifting, stramping the hay in the lofts and hay shed, also at hervest time.

The first man whae I can mind wis auld Jock Thorburn in 1930s, hei went wae Alex Cavers everywhere, din the tatties for the chip shop. Pop Cavers, hei sterted ma thochts aboot taking the cows up and doon, Wull Bev, off and on fer years, Tucker Robson, Jockie Elliot (Billy's pals), Billy Broon - cornet's dad, Rob and Jimmy Broon, Sam Lauder, Billy Hunter (big Billy), Rab Duff, Tammy Tamson, Billy Mundell, Donald Lunn, Sam McLean or Edgar. Edgar Halliday an odd time, Dod Scott o Fisher Avenue, Jockie 'Trot' Halliday, 'Muntie' Storrie, Rob Dooglas, Ian Thomson, Darkie Duncan, Spud Murphy, Jim Wallace frae Crumhaugh, Bogus Hogg, Birdie Hogg, George Robson, Joseph Shearman, Benny Graham.

TRUE EVENTS IN MA LIFE

As I've pit doon I got married tae Kathleen when working as a woodcutter wae Peffers. Kathleen wis expecting Lorna, due January 1956, when I received a serious accident which injured mei so bad I wis off work for a year. It wis mainly due tae Peffers employing inexperienced men. We did not get oot tae the wuds in the morning as it wis wet and windy. By denner time the weather wis better and as we were on a big wud Billy decided tae gaun fer a load. We kept oor van in a garage, jist past the pile o large butts and sticks o hard wud there, which were built up tae a guid height next tae the rails that run doon tae the Wade Saw, which cut the sticks intae the richt length for the circular saw inside the saw mill. There wis a large hand operated crane at the pile used for emptying the lorry, also fer loading a stick ontae the bogey on the rails. Usually twae men plus a brake man needed tae work the crane, some o the butts weighed ower a ton and mair.

This denner time for some reason, twae men went tae load the bogey. Yin o them hedna been working very lang wae us. Now as ee ken trees taper frae the bottom up, and yea hed tae judge where tae fit the grips, which were shaped like scissors, and attached tae the crane wire rope so it wis balanced. This didna happen, and the worker operating the brake instead o getting help used a bolt atween the cogs o the crane tae haud it and went up on the pile tae help tae shove the stick off. A million tae yin chance that, as I wis passing, they shoved the stick off and the bolt flew oot and the twae man handle, which should hev been withdrawn, flew roond and caught my airm.   I wis jist in front o Dick, and hei reckoned I flew threi feet off the grund. Dick aye said hei wis never as lucky as usually hei went for the van. I can mind Billy and Dick cursing the men. Eck Peffers, whae now owns Mansfield Bar, wis first tae realise I wis seriously injured and run mei up tae the Cottage Hospital efter auld Frank made a sling for ma richt airm. As I hed tae wait for a doctor, Eck run doon tae Pringles tae get Kathleen and met her in the Personnel Officer's Office crying her heart oot. Seemingly this accident hed been seen by Pringle workers gaun tae work and like every mill rumour grew afore it reached the mill that I hed been killed. Hawick mills were famous for spreading rumours.

Efter a long wait I wis rushed tae Peel, can mind o that hellish journey. The upshot o the accident wis I wis off work for a year and a lucky man. I wisna disabled for life, all due tae the surgeon, Mr Whitson. Can mind when hei broke the news that it wud take a year tae mend, I wis shattered and must hev complained. Never forgot his answer "a year or a cripple". I wis only left wae ma richt airm a wee bit shorter, and canna turn ma wrist richt roond, got staples and plates in ma wrist but they hev never bothered mei.

I travelled back and forret tae Peel for the year including twae month o very sore exercises. Funny enough it wis an ex-P.O.W. I kent whae wis in charge.

Later on efter the accident I hed plenty spare time, some time I used tae spend in oor Burgh Court, free entertainment, great excuses, pity naebody made a book. Also I wis in the Liberal Club wi the likes o ma late mate's faither Jimmy Fisher (nicknamed Gless Erse as he wis boss in Mitchells), Johnnie the Derkie, whae worked fer years at the gas yaird, Ian Spreng's faither Johnnie, learned mei nap and solo, penny stakes. I taen lang walks, drove the tractor at hervest time, played dominoes at the P.S.A. The year fairly flew. Yin guid thing came oot o this, I could use ma left hand as guid as the richt, still can. Twae things beat mei, tying laces and ma tie.

I went back tae wud cutting, mind Mr Whitson wis very proud o this.

A PIG, ALEX, WULL BEV AND MASELF

This true event wis brocht tae print through meeting Wull's lassie and her man Davie in the Angling Club yin night. Doris, Wull's lassie, asked mei aboot this pig. She wis jist a wee lassie but she could mind her mum and dad on aboot it and ma name hed been mentioned. When she wis aulder she hed asked Wull but hei telt her tae ask mei.

Cavers and a few ithers could wangle the laws regarding the pigs. Yea were allowed tae kill and cure yin provided yea handed in yer coupons. I hed taen threi pigs up tae Copshaw tae be killed and cured. I'm sure Alex's nephew hed something tae dae wae it. Alex selt twae and kept yin in oor large cellar for himself. I've telt yea that this cellar wis lived in the 1860s, hed an auld fireplace, also a wee window level wae the ootside on the Loan. Hev a look, it's still there. Granny Cavers hed a wee gairden there, also there wis a dyke where the ootside spigot wis.

Alex's hams, etc. were hung in this cellar alang wae a lot o ither stuff. It hed a huge thick auld door opened wae a massive key that Alex at that time kept in the hoose. The wundae hed a racket on a screw-airm that opened the wundae, on a slope, aboot a foot, bottom twae thirds wis solid. Wull wis aye looking for onything that could be turned intae cash and wisnae fussy how hei got it. Hei kent aboot the pig and the rest o the stuff, telt mei hei wud gie his richt airm for half an oor in there. Hei hed yin or twae goes at the lock, nae guid. Blethering aboot this yin day I said tae Wull, I'm sure I could get in through the wundae. Wull didna believe mei till I set up twae sticks and slipped through them. It wis winter time when we decided tae gie it a try. We hed tae wait till 3.00 a.m. as Cavers went roond the steading checking the stock is o.k. aboot midnight, then sat up for at least anither oor daeing his books, also Lizzie wis aye late working in the chip shop.

Guid job Doris minded this or naebody wud believe it, or wud they? I hed greased the ratchet the first chance I hed when we were pitting stuff frae Stobs in, so I slipped ma hand in and birled it doon as far as I could. I stripped off, aye stripped doon on a cauld wunter's morning, as I couldna get in at the first go, got in, handed oot hams, etc. tae Wull whae hed been keeping a look oot ahint the dyke. I hed never gave a thocht tae getting oot and I wis nearly beat, the sill inside wis on a slope twae feet thick and below the level o ootside. Efter a struggle, wae Wull helping, I got oot, plenty scrapes. Wull hed the stuff in twae herdin' secks but I made him haud on till I screwed the wundae back up tae where it hed been. It wis aye left open twae or threi inches as it wis the only means o air intae the cellar. This cellar when it wis lived in hed anither wundae, a big yin that faced intae a wash hoose, but afore I sterted there Alex hed bricked the space leading intae it and built a toilet.

Wull and mei taen the hams tae his hoose where we halfed them. I hed a problem, where tae pit ma share, but I seen Andra Richardson whae kept them for mei, hei got a share tae. I hid them at Haggis Ha for a wee bit, Faither wud hev killed mei if hei kent. Funny, I can mind hei never asked where his Sunday fry came frae. Cavers never fund oot fer a guid twae or threi days. We kent hei couldna inform the police, he wis in some rage, blamed Lizzie fer leaving the key lying aboot, naebody gave the wundae a second look.

How queer life is! I hed forgotten aboot that ploy, Doris brocht it all back tae mind, by the time I hed telt the story tae Doris we hed a crowd roond us killing themselves laughing. I'm better at telling it than writing it doon, richt enough it must hev soonded funny, mei skirl naked trying tae get oot, Wull laughing quietly pulling mei, mei telling him I didna want tae leave ma balls ahint, wisna funny for mei.

Doris can back this up, ask her, her Dad wis a richt West End worthy. Dave and Doris's son is a great horsey lad. It wud hev been nice if Wull hed lived tae sei him Cornet, hei wud hev been prood, though hei wis a richt Langholm man, his grandson wants tae read this story.

NELL, AND KATHLEEN'S UNCLE HUGH

I've already telt yea aboot Nell and this story confirms her amazing skills, also every word can be confirmed by ma wife and her family.

The story concerns Kathleen's Uncle Hugh, a retired joiner. It wis Hugh, and the late Cardinal Gray, whae hand carved the alter rails in the Catholic Church. Hugh hed went for a walk on the Friday efternin, never returned hame, search parties went oot on Friday night and Saturday. On Saturday night the priest sent oot an appeal for everybody tae turn oot on Sunday tae help the searchers, I think this wis in 1956.

I hed been working on Saturday so I joined the searchers on Sunday, aboot 300 - 400 men, police, firemen, Angling Club members, game keepers, etc. also police dugs. Police divided up the areas tae be searched. I wis in the group frae Mansfield tae Minto crossroads. We hunted wuds, sheds, ferm buildings, etc. The fishermen hed already searched baith side o the Teviot frae the Park tae Denholm.

The police were guid, telt us oor assembly points where they checked the groups were o.k. Yin group wis transported tae Minto and oor yin was telt tae wait for transport as oor area frae Hassendean, Midsheils, hed been searched. I asked the officer if I could walk tae the crossroads, got permission provided I stuck tae the road alang the riverside. The river banks hed been searched the day afore tae Denholm Brig. On the way I met Spreng the butcher whae asked mei if there wis ony news. This wis aboot the back entrance tae Sperling's big hoose and walled gairdens. While blethering Nell wis ranging back and forret amung the rough shrubbery grund alang the bank. She wis obeying ma instructions, the same yins when she wis sent tae hunt fer bairns at nicht time in Langcroft.

Jist then the police van stopped and telt mei tea and pieces hed been organised for us at Oliver's ferm. I said I wud walk as the van wis full. I whistled up Nell, she came sae far then went back tae the water's edge, efter whistling her again she done the same. I kent there wis a reason, went ower tae her and she led mei right doon tae the water's edge. I couldna sei owts but Nell wudna leave the spot. Spreng came ower and hei also couldna sei owts.

There were willow trees wae their branches hingin ower intae the water so I worked ma way doon through them and there in the canopy wis Uncle Hugh, face doon in the river, his raincoat hanked on the branches. Spreng went for the police, I went intae the water haudin on tae the branches tae try and turn Hugh roond jist in case hei wisna deid. I can mind I wis ower the waist haudin on. The police arrived and P.C. Wilkinson came intae the water and we got Hugh oot ontae the bank. Puir soul wis deid. I can mind the police borrowed Sperling's pick-up and a tarpaulin tae cairt Hugh tae the morgue as in they days ambulances werna allowed tae cairt deid bodies.

The Inspector, Scott, and the dog handler arrived. Spreng hed been telling a lot o the searchers whae also came on the scene aboot Nell finding Hugh. Guid job hei wis there or naebody wud hev believed mei. They taen a statement there frae Spreng, but taen mei and the P.C. tae the station as we were soaked tae the neck. Sent a P.C. tae oor hoose for dry claes, I'm sure the sergeant's name wis Mutch.

Now folks there's an amusing tale tae this. Mind I wis platching up tae ma oxters, police gave me a blanket while we went tae the Station where I hed tae gie a statement on how I fund Hugh. I stripped off ma wet claes there, and sat wrapped up in blankets waiting on ma claes coming, when a P.C. came in wae a large whisky. I wis finished giving the details and wis telt that I might hev tae be questioned again later on efter the post-mortem in case Hugh wis the victim o an assault, he hedna been. Seemingly hei hed been a walk up the park and somehow fell intae the Teviot which wis in flood, hei wis a keen fisherman.

I hed jist finished ma whisky when the Inspector came in and thanked mei for helping them in finding Hugh. Hei also telt the P.C. tae get a glass o whisky for mei and biscuits for Nell. Yin o the dog handlers came in tae sei Nell but by now the whisky wis taking effect so I canna mind much mair o that day. I kent I wis run hame and maist o Hugh's relatives were there but I fell asleep efter anither nip. Kathleen's uncle, Larry Henderson, wis a P.C. then, and for ages pulled ma leg aboot getting drunk in the Police Station.

Dinna ask mei how Nell kent Hugh wis hanked in the water. The only thing I can think o is she wis trained tae use sight no smell, also kent ma commands "find and seek". The press wanted tae make a big thing oot o this but I refused for Kathleen's dad's family's sake as Hugh hed been a wee bit ill for awhile. As Nell wis biding wae Mum then, a letter wis sent tae her officially commending Nell. Mum treasured it all her life.

AN AMUSING STORY

Anither guid story aboot a West End worthy Andra Storie (Muntie) - this happened in war time. We were working late stacking corn up at the field next tae Wulliestruthers and I wis building the stacks. Cavers taen Andra doon tae feed the cows, Andra wis working pairt time for us, though when Jock Patterson wis hind hei hed worked full time for a while. Andra came frae a large family whae bided in a five roomed hoose at the end o oor block in Longcroft. His faither's nickname wis Muntie tae. We worked till derk and I still hed the cows tae milk, and when we got oot the van at Lizzie's we could hear the cows bawling. Granny wis at the door o her hoose, telt us the kye hed been roaring for threi oors. Billy and mei hed a look and fund oot the kye hedna eaten their bran and oats mash, made wae treacle and hot water, we hed tae clean and wash oot their troughs, blaming the cats for shiting in the brasied corn kist. So we opened a bag o oats and yin o bran, mixed the hot water and treacle, fed them and they licked their troughs clean and I got them milked.

Yin o Andra's jobs wis tae muck oot the twae byres, but as hei wis often late I usually done them. Onyways efter I milked next morning I sterted tae muck oot them, but seen something in the grip amung the mash we hed cleaned oot the night afore. I hed tae sit doon I wis so sair wae laughin. Jist then Billy came roond, couldna tell him for tears rinning doon, jist pointed tae the muck in the barrow. Billy made it worse when hei saw whit I hed noticed. Hei picked up a hand-fu, mixed up in the shit, and that sterted him off, oor ribs were sair wae laughin. I've telt yea we hed a saw bench which wis used tae saw wood tae make intae bundles o sticks and we kept the sawdust fer Lizzie. She sprinkled it on the chip shop floor.

The corn kist and bran bags were kept alang frae the saw but we hed twae bags o sawdust, wee yins, alang frae them. Andra must hev jist switched on yin light, aye yea must hev guessed by now. Andra hed mixed up eight pailfu o braised oats, bran and treacle water - puir kye. Billy said if they hed eaten it we wud hev made some money as they wud hev shit planks.

ANDRA AGAIN

This is a yarn that all the West End kent aboot, a guid yin and true. I've telt yea that efter the pigs we went intae hens on a large scale but sterted off wae hen hooses in the twae fields ahint Haggis Ha hooses. Alex reckoned he wis getting eggs pinched frae the hen hooses. The only way onybody could get in wis through the bole hole that the hens went oot and in. Hei reckoned somebody wis pitting a bairn in through the bole hole and handing the eggs oot tae an accomplice, so Billy and mei fixed an iron bar across every bole hole wae jist enough room for a hen tae get in. Even this didna stop the egg stealer. Alex kept the keys, hei wis the only yin that collected the eggs. Billy and mei were under suspicion as I hed tae get the keys for tae muck them oot.

Late yin night Sammy Horne, whaes hoose on Burnflat Brae owerlooked the wee fields, phoned Alex saying, "I wis sure I heard noises in the field". Alex went up and right enough eggs were missing but nae sign o a break in. Next morning the police came in the shape o Kathleen's uncle, Larry Henderson, whae wis Coonty Police then. Billy and mei wis there, alang wae Alex when Larry, got the keys tae check the hen hooses. Hei came oot the third or fourth hoose wae a huge grin on his face and telt us hei kent whae the thief wis. Cavers and us jist looked at him, Alex asked how hei kent and whae was it. Harry said it wis Andra Storrie. How did hei ken? Andra hed recently been caught poaching salmon and the stupid bugger hed dropped the summons in the hen hoose while collecting the eggs.

Andra never let dab how hei got intae the hen hooses and if ma memory serves mei right I dinna think hei wis charged. Billy and mei fund oot that wae lang nosed pliers yea could turn the lock through the key hole. Alex hed tae pit hasps and padlocks on the doors.

AGAIN ANDRA

This is a story that Andra tells himsel. It happened at tattie time. We hed bairns frae the school plus unemployed men, we were digging up the field abin Lynwood Scar. It wis custom when a field wis cleared we harrowed it and the tattie getherers got some tae take hame, usually aboot twae stane or so. Wull Bev and I were lifting the bags and cairting them doon tae Loanheid where Alex, wae twae men, were riddling them. I telt the getherers I wud come back for them wae the van efter ma last job, which I did. Andra wis amung them and hei asked mei tae drop him off at the summer seat wae his tatties, handy for his hoose.

When I stopped and opened the back doors I heard a lot o laughin. Soon seen why yince Andra jumped oot and got his bag o tatties ontae his back, now the size and weight o Andra's sack o tatties hes grown ower the years, also ower the twae or threi days afore Cavers got tae ken. The only remark I'm gaun tae pass aboot it is I could never hev carried it doon the brae tae Langcroft. Alex quizzed mei aboot it but I telt him I never seen Andra's bag o spuds. Andra and Alex fell oot ower this. Andra tae this day feels very sair the way Alex treated him aboot a wee pickle tatties. Aye! yea canna beat the West End for worthies.

I haven't asked Andra's permission tae pit the yarns doon in writing. I ken hei wudna mind the last yin. The ithers are all true, onybody roond ma age can vouch for that.

OOR PET PIG

Pop Cavers will mind o this - it's the story that I promised earlier tae write. I've telt yea a bit aboot this pet pig, how it wis worried wae the rest and the result wis she never grew. She slept in the hay shed and we fed her on titbits. She would come when we called. Also if we were working roond the sheds would follow us. On cauld days she used tae come intae the boiler section and lie doon in the corner. Though we hed nae gate intae the Haggis Ha steading she never offered tae wander away. Alex wis never keen on this crit rinning aboot the place, hei couldna sell it so yin day he telt us we must kill it.

We kept pitting him off but finally hed tae, and it so happened that Billy's brother Jock wis hame on leave frae the air force. Hei volunteered alang wae Jockie Elliot, the baker, I'm sure Pop wis there tae. We got a pig killer's hammer a loan of, plus various knives and set off tae dae this dastardly deed.

Oor pet seemed tae ken cos when we went tae catch her she taen off roond the sheds, in amung implements, intae the straw stack, everywhere awkward. Now try and pictur the scene, at least fower men, all airmed wae various weapons, chasing a wee runt o a pig on a very het day. It wis Billy whae collapsed first then sterted laughin, soon all o us realised how funny it wud look tae onybody watching. Tae make us worse oor pet stopped and lay doon opposite us in the hay shed. We hedna the heart tae kill it efter that. Being honest we didna really want tae catch it. Cavers sent it away wae the next lot o fat pigs, hei wudna get owts for it.

WULTON 1954 - 1957

Afore Kathleen and mei got married in 1954 we hed tae, like a lot o couples, gaun roond banks and solicitors tae sei if they hed ony hooses tae let. Efter months o hunting, you must mind there were few cooncil hooses and they went tae folk wae families, we got yin in Wulton Crescent Lane. It was in a bad state and efter a fight wae the bank they waived the rent for threi months. That gives yea an idea how bad it was.

Tae get tae oor hoose yea went up the lane and afore the top yea turned left intae a large drying green where the bottom raw o flats faced ontae. Oors wis right in the far corner, the bedroom window faced ontae a wa fower feet away, so mair or less it wis undergrund frae Wulton Crescent. As we were in the corner oor walls were right next tae Anderson the Hatters stables. Mind o Anderson and his horse Goldiana, they used tae clear the road afore the Cornets Chase, him blawing his whustle for a his worth. We hed some fun in the winter when friends visited us, some o them were ower polite tae ask whit wis the noise through the wa. We did hev bother wae mice frae the stables. Kathleen killed yin yin night wae her shoe and waited on mei tae lift it.

A description o oor hoose might interest folk. Yea went intae a wee lobby and on the left wis the shared toilet which jutted intae oor living room taking a lot o room up. There were fower doors in the lobby, as originally there were fower single ends wae toilets ootside, also I believe a water tap. First the living room, nae kitchen, water tap and sink at the wundae, a wee cupboard below it, nae place for a cooker, a gas bracket ower the fireplace which hed twae hobs. Forgot tae say there wis a raw o coal hooses ootside oor wundae, also a path built wae cobble stanes, full o holes. There wis a shallow cupboard next tae the fireplace, naething hed been done tae it for years, flair boards needing repairs, wall paper wis yon thick broon, wae paint o years ower it.

A brief description o the work Billy Fisher and mei done tae make it habitable. We pulled the cupboard oot next tae the fire. I hed got the gasmen tae pit a pipe in, and fitted the cooker in the space. Billy built a glass enclosure tae hide it, also the gasmen fitted a geyser on the wa abin the sink. Efter we got the paper off I hed a lot o plastering tae dae in baith rooms, also I renewed the flair boards. I hed a lot o guid pals whae helped. In the bedroom a huge cupboard jutted well intae the middle o it. At first we didna ken whit the hell it wis there for. Fund oot later it hed been anither toilet or a bit o the auld lobby. We hed tae pit a false wall on the yin next tae Wulton Crescent for the damp. The bedroom hed yin cupboard forbye the big yin, at the fireplace, it didna get hardly ony light. Our maist expensive item wis when we got the electric in as I hed tae pay for the road in Wulton Crescent getting dug up, plus cables intae the lobby and meter.

A wee story aboot getting the mains in - I went tae the electric shop tae get a price. The man I saw, kent him weel, telt mei tae gaun roond everybody in the block which hoosed a lot o folk and ask them tae share the cost as it wud benefit them. (We called oor block 'Mulligan's Mansions', it wis the first stane built hoose there). I did but some wudna, nae names, so I went back and telt them tae go aheed and I wud pay the bill. Months went by withoot the bill coming in so I went tae sei aboot it. Of course during this time a lot o folk in the block were getting the electric in. I hed given the Board the numbers whae were sharing the bill, then I fund oot why the bill wis late. The guid man wis adding extra ontae the bills whae wudna share, couldna happen nowadays.

Wulton folk, tae mei, were the same as the West End, great worthies and characters. Lot o railway workers bided there, great neighbours, grand mixture o young and auld. Lorna wis born there, it wis a great safe place tae bring up bairns. Everybody kent whaes bairns wis whae, plenty babysitters if yea needed them, auld yins were aye asking tae look efter them. I think that's where planners went wrong when they rebuilt Wulton. It's maistly for the auld yins and single folk, they ruined the heart o the place. When we bided there the young families made sure the auld yins were o.k. Also it wis gie handy for expectant mothers. Mind Kathleen and mei walked doon tae the Haig when Lorna wis born.

When we went in 1954 there were 'thoosands!' biding in Wulton. Dixon Street wis the hub o the area. It went up tae Lockie's Edge where Hart the coalman bided. There were allotments where Mayfield is now, also top right-hand side where the gatehoose is there wis a merket gairden that went right ower tae Havelock Street. Next tae the gatehoose joined on tae it wis a yaird, canna mind whae hed it then - plasterer? Forgot tae say the new Wulton School is built, alang wae the wee park, on the merket gairden, also the wee flats in Wellfield. The merket gairden closed in the early 1960s.

In ma young days there wis a lot o mills on the Wulton side o the Teviot, right frae Braemar opposite the auld dam hoose, Turnbull's the Dyers, famous or infamous skin yairds, mair worthies worked in there than in a Hawick. Then frae the bottom o the Peth yea hed Glenny's, some fire yon. Mills a the road up tae the hunner stairs, yin across the road frae the stairs. Commercial Road hed mills right alang tae the Station Building. In atween yea hed twae engineers and Elliot the builders, also McTaggart's the wool merchants, the Masons and the Kirk. I'll leave the naming o them tae Rab Carlyle and Tam Hogg, they're the experts on the factories and Wulton. Ower the Station Brig, also a lot o mills right doon tae the auld gasworks in Mansfield Road. They were built so they could use the dam for power, it run frae the salmon dam, top o the Haugh, right doon tae Mansfield, ootlets at Mansfield and sooth o the Station Brig opposite the Toons Yaird, where ee can sei where a water wheel and a branch hed been. Also if yea gaun up intae Elliot's Yaird there's a wee brig gauns ower the dam. When I worked there mony a salmon wis poached by us workers. I'm sure there wis a common path frae Elliot's that led up tae Albion Place. I ken I used it when biding in Wulton Crescent.

This wandering memory book hes came hame again, I never thoct this personal scribble when I sterted it in 1982 would interest folk, it wis aye ment tae be for the family only, I blame Malcolm, it was him that got this diary intae ither folks hands. I must admit the maist pleasure I've hed oot o it is when the true "Gitter Bluids" hev read it, men, women, roond ma age. Its comforting tae mei, gaun by them, that they hev agreed wae all ma memorys o ma school days, working on Caver's ferm and the conditions in the 1930 ties in the West·End. I'm gie careful whae I lend it tae as I've pit a lot o names and personal memorys in this and, up tae now, nane o the West·End folk hev let me doon. Yin thing it hes done it hes made new friends for mei, it also led mei tae join the Archaeological Society where I met and listened tae folk whae share ma love o Hawick and the Borders, I ken now that Hawick is in guid hands regarding her auld days so I can rest in peace, but its the future I'm feared for, thats up tae you young yins.

July 1993 Sam Corbet hes hed this, they bided in Haggis·Ha hooses, the auld white washed yins. I wis fair pleased that he enjoyed it and verified a lot o ma thocts hei also gave mei valuable storys o his ain, wish hei would got them doon.

As I've pit doon fower o us wis born in Oncok Place, tae ma surprize Sam Corbett telt mei thats where his Ma and Ded sterted married life, its a sma' wurld.

One of the last entries Jimmy wrote in April 1993

It wud give mei the greatest pleasure if this wud encourage folk, wae better memories o the West End, the Fountain, Sandbed, etc. than mei, tae pit them doon afore the history o the 1920s tae the end o the war are lost.   It's a crying shame that young yins whae hev read ma first book hed nae idea o whit their faithers and mithers went through, also whit aboot that great pairt o Hawick, Wulton? Surely it's no gaun tae be lost tae, and if I can dae it onybody can.

- Jimmy McEwan